SUCCESSFUL
ENTREPRENEURS

创 业 可 以 走 直 线

>>>

MBA 最受欢迎的创业课

献给：准备创业与在创业路上依旧迷茫的你我

SUCCESSFUL ENTREPRENEURS

创业可以走直线

赵伟 著

江苏文艺出版社
JIANGSU LITERATURE AND ART
PUBLISHING HOUSE

图书在版编目（CIP）数据

创业可以走直线：MBA最受欢迎的创业课 / 赵伟著.
—南京：江苏文艺出版社，2013.7
ISBN 978-7-5399-6365-5

Ⅰ.①创… Ⅱ.①赵… Ⅲ.①企业管理－经验 Ⅳ.
①F270

中国版本图书馆CIP数据核字(2013)第147296号

书　　名	创业可以走直线：MBA最受欢迎的创业课
著　　者	赵　伟
责任编辑	蔡晓妮
策划编辑	一　航
特约编辑	李淑红
文字校对	陈晓丹
装帧设计	Teaya
出版发行	凤凰出版传媒股份有限公司 江苏文艺出版社
出版社地址	南京市中央路165号，邮编：210009
出版社网址	http://www.jswenyi.com
经　　销	凤凰出版传媒股份有限公司
印　　刷	三河市金元印装有限公司
开　　本	700毫米×1000毫米 1/16
印　　张	15
字　　数	174千字
版　　次	2013年7月第1版 2013年7月第1次印刷
标准书号	ISBN 978-7-5399-6365-5
定　　价	35.00元

CONTENTS 目录

PREFACE 前言

创业，你准备好了吗？

对中国人来说，乔布斯意味着什么？

我们应该怎样解读乔布斯呢？

我亲身经历过国内一线城市苹果销售店的排队大潮。iPhone4 刚发布时，我正好在上海，便和助手去旁观。凌晨 3 点起，店门口的大街上就已经排起了长达几十米的队伍，脸上充满激动表情的年轻人躁动地等待着天明，就为了把这款手机买到手。

助手从没来过国内，见此情景不禁感慨地说："真是一种神奇的现象！"

但在我看来，这一点都不神奇。因为一个人、一种产品、一种时尚、一种潮流而形成的"粉丝"已经成为庞大的群体。

苹果产品的追随者或者说"果粉们"要买的并不是一部手机，而是在兑现自己对于某种事物、理念和价值观的热爱——尽管许多人有着相当大的盲从心理，并不真正了解苹果产品。

如果你不是一个手机迷，而是一个正在计划创业、想或者已经成为领导者的人，我想，你更应该亲自到苹果专卖店现场看一下。这样，你才能真正地理解国内的消费者，做好自己的定位，并清楚自己应该去做什么。

你所关注的不应该是"我如何利用他们（疯狂的粉丝）"，而是"我怎样抓住他们的心"。

我在国外时，经常听到有朋友说他想创业，还有一些人拿着计划书过来让我提一提意见。他们说："你看，这是我的盈利计划。"厚厚的一个大本，足有六七万字，讲的全是怎么盈利。我反问道："你怎么没讲你的产品？"他就指给我看："在这里！"

在哪儿？哦……费了半天劲，我终于找到了。在他的商业计划书中，涉及产品的只有两千字。简单的几段介绍，毫无个性，没有任何吸引力，就好像一个牛气烘烘的人从自家别墅伸出手来，扔一个包子打发来拜访的客人。他将全部的精力都放到了怎么销售、如何收钱，还有用什么办法说服经销商上，唯一不感兴趣的就是"提供最好的产品"。

看到这样的创业计划书，我实在高兴不起来。因为这是对投资人的羞辱，也是对消费者的蔑视。如果就这样开启自己的创业之旅，你将怎样赚钱？不，我们的疑问应该仅仅只有一个：你会死得有多惨？

尽管乔布斯时代已经结束了，但介绍乔布斯的创业和管理智慧，我觉得还是非常必要的。且对国内的创业者来说，这件事更加富有意义。结合乔布斯和苹果公司的崛起经历，在真诚地祝他们事业成功的同时，我将自己的总结以及参照中国企业与市场所进行的一些思考做了整理，希望能对国内的创业者有所帮助。

为什么"创业可以走直线"呢？

我们总结任何一种成功模式，都可以发现它包含两个特点。

1. 对于自身优势的极致追求。

2. 一条道走到黑的执着精神。

简单地说，就是直线创业。只要认定了一个目标，就去掌握能够达到目标的技能，把它们发挥到极致，然后实现目标，创业就会变得非常容易。

国内的创业者现在对“曲线”道路已经走得太多了，以至于人们将曲线前进当作了一种本能式的习惯。中国人习惯于事事拐一个弯，遇到问题不是一步踏过去，而是瞻前顾后、左看右看，甚至后退几步，回避问题，去绕一个大圈，付出大量的无用成本，耗费极大的精力。其实，如果愿意，这本来是一件很轻松就能解决的麻烦。

百度公司的董事长兼CEO李彦宏，曾经在中国科技大学发表演讲的时候指出：“人生之中存在着诸多让我们妥协、分心乃至屈从的事，我们应舍弃那些不必要的迂回和避让，遵从内心最真实的渴望，并为此竭尽全力。”

李彦宏保持“直线”的方法就是从一而终的专注、专业，他擅长的专业是搜索引擎，所以他就做搜索引擎，事实证明百度很成功。

创业可以走直线，这个直线不是说你一定不能“拐弯”，而是这个“弯”的幅度要尽量小，这样就能在创业的过程中少经历崎岖，不偏离既定的轨道，创业者能轻松一点、坦然一点。

创业者需要一些至朴，甚至偏执极端的强硬个性，才能度过最烦琐的阶段，节省时间成本，直达根本。只有偏执者才能成功？没错，也许不少人在特定的领域死于自己的偏执，但想走到最高的高度，“偏执”是最有力的一双翅膀。乔布斯就是这样的人，“偏执”保证了他的成功，把蕴藏在他体内的天才构想彻底地激发，转化成为一件件无与伦比的产品和一家与众不同的优秀公司。

有人会说：“呀，我以前就是一个偏执的人，但公司刚办了几个月就死掉了，看来你说得不对，因为想成功还是需要运气的。”

我的回答是："没错，任何成功都需要运气。这个世界上每天死掉的偏执狂不知道有多少，但我敢保证，在成功者的队伍中，绝大多数都是偏执狂。"成功需要运气，但运气似乎只是一个基础因素之一，因为运气不可能保证你走到最后。在本书中，我们就会谈到帮助你走到最顶峰、拿到第一名的创业原则。

创业者每天都会遇到种种意想不到的问题，面临无数的选择：这样做看起来不错，那个方法听起来也可以；采用这种设计挺好，那一种设计我觉得也有市场……在这些形形色色的选择面前，要保持良好的心态和果敢的判断，确实是一件非常困难的事情。但是，无论怎么困难，你也要逼迫自己迅速而果断，以最为迅捷和有效的步伐，跨过这些难住了99%创业者的路程。

我们知道，作为苹果公司曾经的灵魂人物，乔布斯始终都保持着良好的心态、舍我其谁的判断力和敢于承担的魄力。坚定自己的信心，保持冷静的头脑，以最有力的步伐领跑在前，这是创业者必须具备的素质。只有坚定信心，才能让你百折不挠；只有保持冷静的头脑，才能让你正确地把握发展的方向，并能不断地通过学习来弥补自己的不足。

在本书中，我们也会关注中国企业家的思考，针对国内创业者的迷茫，结合乔布斯的创业理念进行分析。在长时间的观察和研究中我们发现，国内创业者的问题主要集中在四个方面：

1. 产品：没有特别好的产品。很多企业都没有不管品质、市场还是包装设计都独一无二的产品。

2. 态度：总是缺乏极致的追求和勇往直前的态度，发展路线经常被暂时的市场波动和他人的意见绑架，他们时常屈服于外在因素。

3. 创意：创意人才的匮乏已经不是一个新鲜话题，即便有相应的人才，也无法提供强有力的组织结构和高效的施展平台。

4. 管理：与国外好的公司相比，不但存在管理理念的差距，在管理环境的塑造上，也无法满足市场未来发展的需要。

其实，对于一个强势的带头人来说，这四大问题都可以得到解决。但问题是，许多人并不是合格的老板。他们想着："我做到 7 分就可以了，干吗做 10 分呢？多累呀！"有的人甚至做到 4 分就满足了，对自己不够残忍，不想追求极致。

本书将告诉你乔布斯是怎么做的——像他这么做的还有许许多多的人，尽管成就没有乔布斯这么大，但可以肯定的是，他们都成功了。这并非在向你兜售一些捷径，而是让你直面并帮你分析并解决一些问题，这也是全世界的创业者都需要共同思考的问题，即，我要走什么样的路线、遵从哪些法则，才能离成功更近。当然我们也知道，许多事情想起来很容易，做起来很难，但是贵在坚持！

我遇到的创业者大致可分为三类。第一类人，他们有着美好的愿望，希望通过自己的创业让人生更辉煌，他们对所开创的事业非常执着，是有很强大信仰的人；第二类人，他们只是不喜欢打工，不喜欢受制于人，对于大公司复杂的人际关系也深恶痛绝，这些人似乎注定要独往独来，很难做好一家公司；第三类人，他们对于创业感到好奇，迫切想尝试一下，于是就抱着试试看的心态来进行自己的人生冒险。

这三类人都具备创业的初始动力。但是，他们要在艰苦、漫长的创业过程中形成并保持创业者所需要的素质绝非易事。在这样艰难的行程中，每个人都需要不断地完善自我。

我建议每一个想创业的人，都先思考一个问题："你快乐吗？"如果答案是YES，那么我祝你成功。如果你的答案是NO，那么我也祝贺你，因为你及早地发现了自身的弱点，需要尽快调整。

还有一个需要创业者重视的问题是，对于创业的目标和准备从事的这个行业，你是做起来再去想，还是想好了再去做？

1995年，很多人还不知道互联网为何物，推销中国黄页的马云被无数人当成"骗子"。据传马云第一次上央视，就有一个编导摇头评价："这家伙不像一个好人！"在这样的逆境中，马云天天都提醒自己："互联网是影响人类未来生活30年的3000米长跑，你必须跑得像兔子一样快，又要像乌龟一样耐跑。"

马云曾经对中国的创业者们说，有两个问题是一定要想清楚的。第一，你想干什么？不是别人让你干什么，也不是因为别人在干什么，而是你自己到底想干什么。第二，你需要干什么？该干什么？而不是你能干什么。

这位商界天才坚信，这个世界上能者很多，拥有优秀的条件和出众天赋的人更多，"但是，比你更想干好这件事情的，全世界只有你一人"。马云的这句话，正是我想送给本书读者的。

在读过乔布斯的故事和他的成功理念后，或许我们最应该记住的，是在给了自己一个梦想和一个承诺后，还要再加上一份坚持。不但要想好了再做，还必须有一种边做边思考的坚韧，始终不放弃，让自己爱上事业，也要让事业爱上你。

这样的创业者，才是距离成功最近的那群人！

第 一 章

产品至上

CHAPTER ONE

- 产品必须带来可观的利润
- 让客户忠诚
- 超越预期，让客户新奇和惊喜
- 打造具有绝对优势的品牌
- 坚持走精品战略，先强而后大
- 让产品形成层次感
- 不要频繁更换项目
- 谨慎地与第三方合作

产品必须带来可观的利润

一家成功公司的生命线是什么？是产品，是能给公司带来滚滚利润的产品。

巧妇难为无米之炊。不能生产好东西，再好的营销也解决不了企业发展的问题。虽然人才等其他因素也事关公司的成败，决定一家公司的命运，但归根结底，公司生存靠的是利润，利润才是王道。而利润的实现，靠的则是过硬的产品。

这就好比卖水果。你在街上摆了一个摊，向路人兜售、宣传，介绍你这儿的水果有多甜，营养有多丰富。虽然大家都这么干，但你干得格外出色，嗓门大，说得好，一会儿就卖光了。你赚了很多钱，钱箱都满了。然后满载而归。

从第一天来看，你的水果摊利润惊人，全卖光了。但是第二天，顾客全都找上了门，把你的摊子砸了，还把你揍了一顿，昨天赚的钱还不够付医药费的。为什么？大家吃了肚子疼，你的水果外面漂亮，里面都烂了。这就是“产品”最大的问题：金玉其外、败絮其中。

乔布斯对此有相当深刻的认识，他说如果有一天，苹果公司不能由自己的产品来推动，而只能依靠营销来维持，那么苹果就离“发酸”不远了。

这跟水果摊的例子是一个道理。实际上，当我们回过头再来看乔布斯和他的苹果帝国的时候，它的每一次飞跃，无一例外都伴随着一款爆炸性产品的问世。

反观国内诸多大小企业，虽都有着各种各样的产品，但奈何产品参差不齐，要么华而不实，要么大而无当。这就涉及“产品”的另一个问题：华而不实、大而无当，根本卖不出去。

有一位在国内专做云锦产品的老板向我诉苦说，他原以为做这行自己会赚很多钱，因为他看到许多人都靠卖云锦发了财。事实却不然，消费者对他的产品毫不买账。他的产品积压如山，成了无人问津的孩子。他想要放弃，又心有不舍，现在公司是骑虎难下。

我问他：“你为什么坚持认为自己的产品一定能赢得消费者的喜爱呢？”他回答说：“云锦是丝绸中的上品，所有奢侈品该有的特征，它一样也不缺。这样的产品不赚钱，打死我也不相信。”然后他举了一堆成功的例子，却看不到自己在产品方面的缺陷。

毫无疑问，从结果来看，这家公司的产品步入了一个陷阱。老板认为实现高利润理所当然，可他想象中的利润并没有出现。这是因为，他选择的市场对于云锦产品的要求与其他地区是不一样的，但他却没有针对性地开发当地的市场。

前几年，我还接触到了一家设计和生产地板的公司。这家公司的产品是典型的“贵死人不偿命”，它们生产的地板售价高达三千多元一平方米，都快赶上三线城市的房价了。结果可想而知，现在这家公司早就破产了。

我们不禁要问一句，为什么你创造的产品卖不出去，赚不到钱？作为一个创业者，或者是即将走向创业的人，如果你的产品和上述两种产品有相同的特征，你要注意了，你面对的第一个问题就是要使自己的产品具有赚钱的潜质，否则你的创业之旅就是一场痛苦的自我折磨。

产品赚钱的潜质是什么？不是新，也不是酷，而是无条件满足用户的需求。

以上述两种产品来说，它能满足用户的需求吗？答案显然是不能。云锦是丝绸之王不假，但如果你不能结合市场需求来突出自身产品的特性，又怎能立于“云锦之林”而不败呢？你是云锦，别人也是云锦。就好比老白干，你可以叫老白干，我也可以叫老白干，它不能突出特性，既然都一样，消费者又何必选择你呢？同理，堪比房价的地板拿什么特质来匹配天价呢？相反，茅台则不一样，我是茅台，你就不能是茅台。消费者买茅台，买的是品牌、是消费习惯，体现的则是自身品位。这里面的道理，创业者是要细细体会的。

苹果成功的第一原则就是如此。它首先满足了年青一代的猎奇心理，或者是炫耀心理，苹果就是他们的“梦想”。对年轻人来说，苹果手机早已脱离了单纯的通信功能，即使一个联系人也没有，也不妨碍他们对苹果产品的追捧，因为这个品牌可以给他们带来强大的自尊与优越感，尽管你很难说清这种感觉是正确还是错误的。

满足用户的需求是最基本的要求，也是首要的要求，更是创业者在起步之前就务必要关注的问题，满足了用户的需求，才可能涉及产品利润的问题。

还是以乔布斯的苹果为例。最初的苹果公司有一项名为“牛顿”的

PDA业务，自成立之初就一直处于亏损的状态。1997年，乔布斯重返苹果，他看到这种情况后，坚决主张把它砍掉，转而专攻iMac、iPod和iPhone等系列产品。理由很简单：赔钱的业务一定要砍掉，赚钱的业务一定要发展。

苹果的发展给我们的启示就是：生产经营赚钱的产品是企业最大的王道。每一个创业者都务必牢记于心，在这个“物竞天择，适者生存”的竞争环境下，没有哪个赔钱的产品能生存下去，即使这个产品再好玩，再有趣，再有魅力。赚钱的产品才是成功企业家的法宝，创业者努力的第一个目标就应该在于此。

据统计，目前全球手机市场大部分利润被两家公司瓜分。苹果是其中一家，另一家是三星，而剩余绝大多数手机厂家只能分一点剩汤剩饭。苹果自不必说，巧合的是，三星正是在效仿苹果的产品战略之后，利润才得以大幅提升的。

所以能帮企业立足的还是能赚大钱的产品，而不是其他的任何因素（尽管它们也相当重要）。既然赚钱是产品的使命，那么，估算产品的利润，则成为每一个创业者必须学会的课程。

估算产品的利润最困难的，不在于确认成本和售价——因为这些方面都是客观的，容易衡量——而在于，创业者要正确地决定向产品的哪一个环节寻求利润。

有人说：“哇，这还不简单？从设计、生产到运输，再到销售，每一个环节的利润我都要。”

OK，如果你抱有这样的想法的话，我劝你放弃。如果你不放弃这个想法，那么市场最终会放弃你。

在全球分工日益细化的今天，如果每一个环节你都想亲力亲为，分得一杯羹，那么注定你会与胜利无缘，因为你既无法有效降低成本，又不能提高经营效率。我们可以通过分析苹果产品的成本费用，一窥它赚大钱的秘密：

在苹果手机的价格各环节的利润分配中，产品设计与软件开发占到了约60%，居第二位的是各种零配件投入，占约22%，接下来是韩、美等销售苹果产品的企业（销售商）的利润，不到10%，最后剩下的那部分是劳动力投入成本，加起来总共也不到10%，其中属于中国劳动者的部分，更只有微不足道的2%。

向产品的哪一个环节要利润，最终决定了企业在整个行业生物链中居于何种地位。

要实现长期高利润，企业必须向高端环节要效益。饭要一口一口地吃，钱也要一点一点来赚，那种急功近利、上来就打价格战的做法是不得已而为之的下下选，不要轻易实施。否则，在一片火海中进行“看谁先撑不住”的竞争，大家都得不到好的结果。即便赢了，你也是伤痕累累，只剩一口气了。从塑造企业形象的角度看，打价格战的企业，其产品的格调都不会太高，基本上处于初级竞争阶段。这样的产品既得不到消费者的长期拥护，也无法培养一批忠诚的客户，长此以往，高利润更无从谈起。所以作为创业者来说，切记不要为了眼前的蝇头小利而自毁形象。

创业者需要做的，就是遵照乔布斯给我们立下的这一法则：成功的企业一定要有自己的核心产品，核心产品一定要能创造高利润，这样的企业才能走得远、走得快。

让客户忠诚

如果说，产品高利润的获得在于它能充分满足客户需求的话，那么产品高利润的持续则在于客户忠诚度的提升。

顾客的忠诚度是什么呢？它代表了消费者长期以来所形成的对于某一种品牌或公司产品的消费偏好。打个比方说，在质量、服务和其他条件均相同的情况下，他会坚定地选择这个品牌的产品，而不是另一家公司的产品，这就是顾客忠诚度的一种具体体现。

在信息时代，各色产品琳琅满目，顾客有很大的选择空间。就像我们去超市购物，在不同牌子的产品前，我们有百分之百的自由选择权，没有人能强制我们必须买哪一种。一个消费者既可以买张三企业的产品，也可以买李四企业的产品，如果两个都不好，他可以都不买，转而到另一家商场或购物中心再看再选。再不行，还有电商可供选择。

消费者在购买这个环节，拥有完全的自主。那么对于企业来说，靠什么来留住老主顾呢？当然是提升顾客的忠诚度。这是现代的企业所能拥有的最宝贵、最可靠、最稳定的资产，比任何资本都重要。拥有一大批高度忠诚的消费者，不仅仅是企业在市场竞争中获胜的关键，也是这家企业是否能持续稳定发展的根本保证。

国际著名调查研究机构 Conference Board 针对全球 506 位 CEO 做过一次关注企业要素调查，调查结果显示，最受企业 CEO 重视的课题是客户忠诚度和客户忠诚度的维持，接下来才是降低成本和加快发展速度。对于企业来说，客户忠诚度之所以被放到如此高的战略高度，是由于市场竞争加剧，这使他们不得不把争取客户的工作放到首位。

在今天的市场条件下，开发新顾客十分困难，但留住老顾客更加困难。这是一个很现实的问题，也是每家公司都无法逃避的问题。

很多企业为留住老顾客煞费苦心，但收效甚微，苹果公司在这方面则独领风骚。广大消费者对苹果系列产品的追捧，让行业内其他公司艳羡不已。甚至连苹果公司的产品出现瑕疵，消费者都会给予极大的包容，表现出强烈的忠诚度。有一个时期，先是媒体上出现了 iPod 冒火花的报道，后来，iPhone 3G 又被媒体报道有安全缺陷、信号不好、苹果会卸载问题软件等等问题。如果换了其他产品，恐怕消费者已经弃之如敝屣了，但是他们对待苹果则不然。纵使犯下了这一系列的错误，苹果的铁杆粉丝，甚至是偶尔买苹果产品的用户，依然对苹果产品有完善的信任和高度的认同感，他们很少有人会离开苹果转而选择其他产品。

国际知名市场调查公司 GfK 的一项调查显示，市场上所有的智能手机用户中，忠诚度最高的是苹果手机的用户，谷歌和黑莓则次之，屈居二、三位。

GfK 公司的调查范围分布在巴西、中国、法国、德国、日本、意大利、西班牙、英国和美国等多个国家。在接受调查的人群中，iPhone 手机高达 84% 的用户表示他们下次还会选择苹果的手机，这个比例远超过其他手机用户；最接近苹果的是谷歌的安卓手机用户，约有 60% 的用户表示还会选择该品牌；接下来是黑莓手机，用户忠诚度为 48%。而同时拥有 iPhone 手机及苹果其他产品的用户，忠诚度更高，甚至大约有 20% 的人表示，他们对苹果产品的忠诚度超过了自己的银行账户。

调查结果还指出一个有趣的事实，用户更换品牌产品的频率和他们设备上使用的应用程序数量有关。一般来讲，当用户在他们的设备终端上使用的应用程序和服务数量达到七个或更多时，他们更换其他品牌产品的概率就会大大降低。

通过这些数据，我们可以真实直观地看出苹果公司客户的忠诚度有多高，这使它能在残酷的市场竞争中所向披靡，无往而不胜。

相比较来看，中国的很多企业就没有那样的幸运了。一旦企业产品出现负面信息，不是业绩走向下滑，就是企业面临破产，再多的弥补，也难挽人心，比如国内的达芬奇家具、蒙牛等等。

问题是一样的问题，但结果为何那样的悬殊呢？前者能在商场继续纵横驰骋，而后者却脆弱得不堪一击，业绩一路下滑。为什么？最关键的一点是，苹果公司在培养客户忠诚度上有其他任何企业都无法比拟的优势，它很擅长在产品与客户之间建立牢固的“联盟”式的统一阵线。

客户的忠诚度对于一个企业来说是根基，同时也是发展的动力，没有客户的忠诚度，一个企业就没有了价值，没有了方向。如何培养客户的忠诚度，这也许是我们中国每一个创业者必须思考的问题，也是在创业过程中需要反复思考的核心问题。

我们虽然无法给正在创业的人一个灵验的方子，但是我们可以向中国广大的创业者提供苹果公司培养忠实客户、与客户建立统一阵线的管理方法，希望每一个创业者都能结合自己的实践经验，从中总结学习和借鉴。

第一，产品的人性化。苹果为什么能够赢得消费者？毫无疑问，是因为知道消费者想要什么，而他们在“收买”消费者上面下了大功夫，产品就是最好的证明。

第二，强大的视觉吸引力。一个产品再好，如果没有个性的包装，也会被消费者忽略掉。苹果的产品，从产品的包装设计到用户的界面设置和体验，都极具创意和吸引力。

第三，独一无二的格式。Apple 产品通常不兼容其他系统。鉴于这个原因，客户就很难转换其他产品。相反，这名客户很可能会以购买新的苹果产品型号来替换旧的产品型号。你可能觉得这种方式有些“居心不良”，但结果是它成功了。

第四，不断的创新。苹果公司的创新能力自不必说，全世界共知。无论你在哪里，他们都会提供给你不同的享受产品的方式，比如你在家中和在办公室里，就会有不同的体验，如果此刻你在路上，苹果产品又会给你另一种体验。这也是人们忠实于这一品牌的关键因素所在。

第五，产品的一致性。你不会在苹果的产品中发现“另类”，因为所有产品的基本架构是大体一致的。就像一个人的整体面貌和气质是一定的，有所不同的可能是穿衣服的风格。正是基于这种对基础知识的了解，使消费者在购买苹果其他的产品时，无须花费大力气再重新了解。这种一致性是一种潜移默化的优势，也是推动消费者进行重复消费的动力。

第六，丰富的产品种类，让消费者有阶段性地尝试和接触。或许有些消费者还没有最终决定要购买苹果电脑，但他们可以以一种较低的进入成本，去尝试 iPod 或 iPhone。

第七，产品具有系列性、完整性。苹果的产品是相互补充、共为整体的。这种从硬件到软件的全方位服务，可以形成对整个流程的有效控制，对增加客户的忠诚度有很大作用。

第八，建立专卖店，避免依赖销售终端。通过创建自己的专卖店，苹果公司不仅有效避开了过分依赖销售终端这一棘手问题，还能借此与消费者直接沟通，顺利培养与提升客户忠诚度。

第九，培养型销售。苹果会通过校园，来推广产品。他们走进学生教室，讲述一种全新的消费概念和方式，这就使得很多学生从一开始就成为了苹果的忠实粉丝。或者说，在学生还没有拥有足够的购买力时，苹果就已经把他们变成了自己的潜在客户。他们会说："呀，过两年我一定买一件苹果产品，这是我的心愿。"同时，他们还成了苹果产品的免费宣传员。

以上几点，虽非苹果公司培养客户忠诚度的全部，但也指出了其中最关键、最核心的因素：由创造产品上升到创造顾客的高度。其实培养客户忠诚度，说到底是一个思维方式的问题，当创业者的思维由产品转向顾客的时候，客户忠诚度的培养就成功了一大半。

超越预期，让客户新奇和惊喜

产品最终面向的是消费者，用户用着称心的产品，才算是成功产品。最好的产品，就是能超越用户预期的、能让客户新奇和惊喜的产品。乔布斯和他的苹果帝国一直是以用户体验为导向的，他们努力让自己的产品超越消费者的预期，给他们带来新奇和惊喜的感觉。

有家科研机构的研究人员做过这么一个有趣的实验：每天给固定的猴群发一箱香蕉，后来改为每天加一个香蕉，但突然有一天，研究人员把添加的香蕉给去掉了，猴群顿时喧闹起来，都激动得不能自已。为什么会出现这种情况呢？显然是猴群的预期没有达到。当研究人员恢复以往的做法后，猴群的心情马上得到了平复，而当研究人员把香蕉加倍时，猴群又开始激动起来。当然，这次的激动不同于上次，这次是因高兴而激动。研究人员的做法超越了它们的预期，结果受到它们的热烈拥护。

这有点类似企业管理中的奖励与惩罚。当员工获得比预期多的奖金时，他们自然欢喜雀跃，称赞公司做事有方，而当他们获得比预期少的奖金时，奖金顿时变得好比罚款一样，令他们满腹牢骚，认为公司做事不公。

消费者对公司和新产品也存在类似的各种各样的预期，如果企业和公司善于利用这一点，总能超越消费者预期，让客户保持新奇和惊喜，就能在竞争激烈的市场中取得成功。反之，如果不能善于利用，而总是做降低消费者预期的事情，这样的企业和产品很可能会被市场淘汰。国内曾经的保健龙头企业健力宝饮料公司就曾因此得到过惨痛的教训。

健力宝广东公司曾经搞过一次促销活动，活动方式为“喝饮料，赢演唱会门票”。活动规定，消费者每购买一瓶健力宝饮料可以积分若干，积满400分即可兑取一张演唱会门票。健力宝公司还规定，集够一定数量瓶身标签，也可兑换演唱会门票。由于这次演唱会明星云集、盛况空前，所以消费者对这次活动踊跃参加，健力宝饮料销量在接下来的几个月暴增数倍。

可以说，活动内容远远超越了消费者预期，所以消费者也给了健力宝公司想要的回报。

事件如果到此，可以算是很圆满了。但活动结束后，令人意外的事情发生了。兑奖进行得极不顺利，健力宝公司先是推迟兑奖，后又分时段兑奖，再后来兑换了一些门票后，健力宝公司干脆关闭了兑换窗口，使无数一大早就来兑奖的热情的消费者空欢喜了一场。消费者大为不满，纷纷投诉健力宝公司。为平息众怒，健力宝公司“慷慨”地宣布，每一张兑换券可免费兑换饮料一瓶，至于门票，健力宝给出的说法是“已经售罄”。最终，这场严重降低消费者预期的事件使健力宝的形象大打折扣，销量也持续下滑，给公司带来了难以挽回的损失。

这虽然是在营销领域的案例，但道理是一样的。如果产品本身达不到消费者预期，其后果一样难以收拾。一些商家在争夺消费群体的时候，往往会利用虚假宣传。虚假宣传只会得一时天下，有时甚至一时天下都得不到，一旦消费者明白自己上当受骗了，他就再也不会对这个品牌有丝毫的眷恋之情了。商家对客户的欺骗丝毫不亚于恋人对自己伴侣的背叛，这种行为产生的恶劣后果是十分严重的。所以，无法满足消费者预期，就会严重损害公司声誉，使自己的品牌蒙上“烂”的阴影，而满足甚至超出消费者预期，给客户带来新奇和惊喜的公司才能成为卓越的公司。这样的品牌在消费者心目中才是真正的“王牌”。

我们纵观世界著名企业，无不是此制胜法则的超级拥趸。世界第一连锁超市沃尔玛就是个中翘楚。沃尔玛给消费者带来的持续惊喜就是“天天低价”。而在超低价的基础上，沃尔玛的服务并没有打折，仍然是一如既往的贴心细致。

一个企业要想获得长效发展，给客户带来一个新奇和惊喜是远远不够的，要想持续抓住消费者的心，就要持续做能给客户带来新奇和惊喜的事情。有些创业者也懂得这个道理，但总是做不到位，或者看似做了，消费者却不买账。“知道”和“做到”完全不是一回事。在这个世界上，我们知道的道理都太多了，但真正能在行动中做到的屈指可数，所谓“知易，行难”。反观乔布斯和苹果的做法，他们誓将新奇和惊喜进行到底。方式便是将产品在用户满意的前提下创新、再创新。

苹果最具革命性的产品当属1984年出品的电脑Macintosh，这款世界上第一款使用图形用户界面的个人电脑自推出后就横扫市场，使计算机从科学实验室走进了寻常的百姓家。可以说，仅凭此一项，乔布斯就在科技创新史上留下了不可磨灭的印迹。

随后，苹果在1998年又推出了一款设计极具人性化的iMac电脑，艺术品位是其最大的创新之处。这是乔布斯“不是电脑的电脑”概念的成功应用。特殊造型、邦代蓝和灰色半透明外壳，给消费者以强烈的新奇感。这款电脑彻底颠覆了普通计算机方方正正、严肃刻板的样子，采用了一体化的整机结构，使电脑看起来就像是一条半透明的玻璃鱼。与其他电脑相比，设计师在iMac的设计中赋予了更多的审美情调，让消费者在面对电脑操作的时候，倍感亲切和熟悉，而产品超出预期的艺术品位更是让消费者疾呼：我本来只想种一棵小树，没想到却收获了一整片森林。

2001年，苹果发布了iTunes，开创了全新的付费方式，方便了用户即时即地购买数字音乐和视频。同年，苹果又推出了个人音乐播放器iPod。

iPod 的定位就是为用户提供多媒体的用户体验。可以这样说，iPod 开启了数字音乐的新的革命浪潮。此外还有果粉们最期待、最喜欢的苹果产品 iPhone 手机。这款融合了摄像摄影、多媒体播放以及无线通信等各项功能的智能手机，开创了移动生活新方式。

可以说，这些年乔布斯从没让苹果产品停止“突破”，而且他总是能够给用户超预期的新奇和惊喜。就像是你本来只打算买到一台微波炉，但是对方告诉你还可以免费得到一个榨汁机，这就是超越预期的惊喜。乔布斯却做到了不用赠送任何产品，就能让消费者感到“哇哦”，因为他把“大礼包”全部赋予在产品内部，让消费者始终沉醉在探索“惊喜”的过程中，而且惊喜连连，就像打游戏一样，你不知道打死这个怪可以捡到什么意外的装备，所以你就不断地去打怪。苹果就是这样，让消费者永远感到惊奇，他们自然会成为产品的“铁杆粉丝”。

打造具有绝对优势的品牌

当然，产品只具有高利润和忠诚的顾客两种特性是远远不够的，接下来才是优势产品应该追求的目标：打造具有绝对优势的品牌。

一个有着绝对优势品牌效应的产品可以保证企业的业绩稳定增长，也可以保证企业在严酷的竞争中不断持续发展，并在风云变幻的市场动荡中立于不败之地。

中国内地改革开放以来，一度为中国经济做出巨大贡献的生产加工民营企业，受到欧美的金融危机影响，脆弱得不堪一击，很多工厂纷纷倒闭破产。为什么中国的企业如此弱不禁风？几年前我曾在国内做过详细的调查，也采访过许多企业的领导者。其实原因很简单，主要是由于中国的绝大多数民营企业都属于技术含量低、靠劳动低成本赚取利润的公司，也就是俗称的劳动密集加工型企业。一旦劳动力和原材料价格上涨，人民币升值，外国市场的消费力疲软，中国很多的民营企业便随之失去了竞争力。

一句话总结就是，中国众多的民营企业大都没有创立自己的品牌，在企业生存链条中居于非常低的环节，没有占据高端位置，缺乏品牌优势，进而导致自身在国际竞争中缺乏核心竞争力。

我们再来看看苹果的表现，即使在金融危机期间，它也如一艘拥有强大动力的航空母舰，在惊涛巨浪中稳步前行。苹果在金融危机时的财务报表，让所有的企业都羡慕不已。2008 年金融危机期间，一个财季苹果的营业额达到 79 亿美元，季度净利润 11.4 亿美元，与 2007 年同期相比，利润高出了 2 亿美金，毛利率更是达到了令人瞠目结舌的 34.7%，成了名副其实的“金苹果”。

加拿大历史上最大的市场调查公司埃普索斯·里德曾对本国的手机市场做过一项民意调查，结果出乎人们意料，加拿大本土手机品牌 RIM 的影响远不如苹果手机，苹果手机才是加拿大“最前沿”的品牌。乔布斯在一份声明中说：“苹果刚刚公布了公司历史上最好的一个季度业绩，其中表现最抢眼的是 iPhone——我们的手机销量超过了 RIM。目前我们还不清楚经济低迷状况会对苹果造成何种影响，但现在我们拥有公司历史上最强大的产品线、最才华横溢的工程师和业内最佳的客户。此外，我们银行现金存量达 250 亿美元，债务为零。”

在金融危机的打击下，众多企业不堪重负，或者匿迹于市场大河，或者苦苦挣扎，只求挺过难关，少有盈利已是幸事。很少有企业能避危机锋芒，但苹果公司不仅不亏损，反而创下了这样的销售奇迹。很多人都在思考，为什么苹果能独善其身，身处危机反而有此佳绩呢？答案是品牌的力量。

品牌到底来自于何处？几乎每一个品牌都想做到绝对优势，但为什么只有苹果能做到？

首要一点，就是苹果有特立独行的想法。

与众不同的想法带来的是与众不同的产品。苹果公司另辟蹊径，独立开发自己的硬件和软件。而且苹果公司的产品与别的产品都不兼容，它独具一格，自成体系，并且精致完美。不管是电脑还是手机都受到广大消费者的追捧，甚至成为高价格的奢侈品、收藏品，被收藏者们称之为“幸存的设计主义者”。

苹果不只注重用产品来提升品牌，它更善于运用营销手段来达到宣传品牌的目的，而苹果的营销恰到好处地突出了自己的艺术品位。与普通品牌不同，苹果销售的不仅仅是产品，还有文化，甚至包括信仰。就连苹果广告片都给世人以不同凡响的视觉享受，从而激发受众的好奇心，使消费者自觉自发地走进苹果的世界。

在苹果公司广告片《1984》进行拍摄时，乔布斯对导演说了这一段话：

“请听好了，这不是一部电影，而要给世界留下一个印记。这是我们身在此处的目的，否则来这里做什么呢？要像艺术家和诗人那样，通过这个片子来创造一种全新的理念。”

就在这部广告片中，苹果品牌确立了自己“反潮流、叛逆、打破强权、特立独行”的个性。

1997 年苹果电脑曾经推出一部电视广告，这段名为“不同凡想”的广告中截取了爱因斯坦、毕加索、邓肯、甘地等 17 位名人的纪录片片段，定位高端前沿。在钢琴伴奏下，略带沧桑的声音，演绎了苹果公司的特有魅力。

> “这里有一些特立独行的人，他们与这个社会不同调，在那些方方圆圆的规则中显得那么不协调；他们对于事情总是有不同的看法，同时也是规则的破坏者。你无法忽略他们，虽然你可以引述他们的观点，或是不同意他们的见解，以他们为荣，或是鄙视他们。他们改变了这个世界，让人类不断进步。当时他们被视为疯子，现在则被看作天才。因为不同凡想，才能改变世界，就像你选择了苹果的计算机。”

在 17 个名人出现后，画面终止在了一个叛逆小孩的眼神中。乔布斯在试看此片时十分激动，甚至流下了眼泪。

独具一格的广告宣传片营销，成为乔布斯手中用来强化苹果品牌，把它塑造成一种文化和宗教的致命武器。

除去以上几点，还有最关键的一个因素是创业无法忽视的，这项因素就是技术。没有核心技术，品牌就是无源之水、无本之木，只有无法复制的核心技术才能给予品牌最坚实的保证。在这方面，苹果甚至拥有不止一项核心技术，而是三四项核心技术。

中国企业，尤其是IT行业，普遍缺乏自己的核心技术，除了山寨就是克隆，不断跟在别人的屁股后面走。这样的企业在激烈的市场竞争中，往往会疲于奔命、喘不过气来，企业的业绩更是一路下滑，永远也走不出突破发展的瓶颈。

要想自己的企业健康发展，就必须创立自己的品牌；要想创立自己的品牌，就必须发展自己的核心技术。有了核心技术，才能发展自己绝对的优势品牌。一个企业创立了与众不同的品牌，才能进而谋取更大的利润空间，也才能抵御金融危机和市场疲软等等诸多的不利因素，扛过风浪的打击，在遇到困境时安全地存活下来。

坚持走精品战略，先强而后大

在企业的发展战略中，存在做大与做强两种截然不同的指导方针，产品的战略亦是如此。

一家产品至上的企业不得不面临这样一个问题：做大做强，抑或是做强做大？还是两者兼具？前者以发展众多产品战线，进而占领各个领域市场的份额为主，我们称之为“平民战略”，平民战略的特点是生产廉价、实用、普通的产品，进而占领更多市场，以薄利多销赚取利润。它追求的是“大”。后者则主打某一个或几个拳头产品，以独树一帜的产品细分市场份额，占住市场的一个角，走的是“精品战略”。精品战略的特点是要求生产的产品独一无二、细化精致，因此别的企业无法复制拷贝，于是产品能赚取比别的企业更高的利润。它追求的是“强”。

这两种产品战略哪一种更适合一个企业的发展和壮大，更能赚取更多的利润呢？

我们的企业大多选择的是前者，务求“大”，结果贪多嚼不烂，产品如流星一般转瞬即逝，企业也成为赔钱倒闭的流星企业。

国内酒泉曾有一家大型白酒酿造企业，发展巅峰时期年生产能力 8000 吨，产值上亿元，但没过几年就没落了。现在这家企业虽有三大系列总计四十多个品种，但年销量不足千万。

为什么会出现这种情况？原因很简单，产品繁多导致重点不突出，没有战略重点，眉毛胡子一把抓，结果高端市场没有带来利润，低端市场又没有带来销量。举个简单的例子，这个酒厂的产品价格最低只有几块钱，最高的几百块，消费者选择的范围是足够了，但仔细想来，谁又会购买这种定位如此不明晰的产品呢？高端客户肯定不会买，即使产品真的够好，也勾不起他们的消费欲望。

对于该企业来说，解决的办法是：重新考虑企业的战略布局，理顺产品群，找出龙头产品，从而带动整个产品群乃至企业的发展。

从这个案例中我们可以得出这样一个结论：企业必须先追求“强”，再去追求“大而强”，做到两者兼备。

我们可以以苹果公司和IBM的对比，来了解为什么要这么做。在20世纪80年代，IBM实行平民产品战略，各个领域都有产品，迅速占领了市场，赚取了更大的利润，放在那个时代，苹果以精品战略是无法打败IBM的。这是为什么呢？因为在那个年代，个人计算机还很少见，很多人根本就不知道个人计算机，更别提用了。在这样的情况下，个人计算机的市场竞争条件还很不成熟，市场上的个人计算机供大于求。与IBM电脑相比，苹果固然是精品，无论是电脑外观，还是内在技术，苹果都称得上完美。正如乔布斯所说：“你们可知道，我根本不在乎市场占有率，我所关心的是怎样制造出世界上最好的个人计算机。”

在80年代的PC市场中，苹果电脑的价格太贵了，对于普通百姓来说，IBM电脑售价便宜，自然会吸引更多的消费者。再加上电脑更新换代的速度实在太快，消费者更没有必要花大价钱买苹果电脑了。

在首次的较量中，IBM的平民战略稍胜一筹。

随着人们生活水平的提高和计算机的普及，电子产品市场竞争愈加激烈，平民战略的缺点日益突出：产品同质化、消费者忠诚度低。此时，苹果公司的精品战略开始展现巨大威力。

乔布斯的Apple II充分吸取了第一次的价格教训，在提高产品性能和外观的同时，极大地降低了成本，一跃成为市场的宠儿，苹果公司顺势占领了个人计算机市场的半壁江山。

随后，苹果公司又推出精心打造的音乐播放器iPod，iPod不同于其他蹩脚的同类产品，虽然它没有提供更好的音乐收听技术，但酷酷的外形和良好的用户使用体验使它鹤立鸡群，成为音乐时尚潮流的象征。

再来看看苹果精品战略中的精品——iPhone。iPhone 有完美的外形，极具特色的操作系统，个性化的应用软件，极简的操作方式和优良的稳定性，可谓精品中的精品，难怪一上市便受到消费者的狂热追捧。

苹果公司坚守精品战略的做法为苹果的产品赋予了更多的附加价值，这些附加价值是不会被“山寨”和“克隆”的，这是苹果的竞争优势。这个竞争优势是消费者愿意为苹果产品付出高价的原因。乔布斯说：“苹果的目标并不是要制造出市场上最廉价的产品，而是最优秀的产品。如果这意味着 Mac 系列产品必须变得有些昂贵——甚至比别的产品会贵上 10%~15%，那么，就这样吧！”

对照此时其他公司实施的平民战略，很显然，精品战略才更适合如今激烈的市场竞争。

乔布斯一直都在坚守着这样的商业准则：精品就要高价，精品就要为公司带来更多利润。这是中国企业应该认真思考和学习的。

那么，苹果实行精品战略下如何实现更大的利润空间呢？

一、在同类产品中做到极致。

苹果公司每出一个产品都精益求精，堪称完美，并且能满足顾客的需求。完善的产品和精致的美观设计相结合，苹果公司的所有产品在同行中都是与众不同的，所以消费者愿意花更大的价钱购买苹果产品。

二、饥渴方式营销。

饥渴营销是企业通过限时或者限量策略来吸引消费者的一种营销手段，

很多公司对此极为青睐，苹果公司更是情有独钟。

以苹果 iPhone 4S 为例，在限量销售的消息刺激下，其在中国的销售可以用“火热”来形容。开卖的两个小时内，iPhone 4S 在北京西单大悦城就已经被抢购一空，而十公里之外的三里屯苹果专卖店更是出现了因排队冲突以致暂停销售的现象，暂不论事件孰是孰非，苹果产品在其“异国他乡”能引起这样的抢购热潮，让人不得不感叹苹果那令人瞠目的感召力。

有人对此或不屑或批评，称苹果在中国故意限制供应量，使中国消费者因为被苹果吊足了胃口而疯狂。但是不管对错，苹果公司赚的可都是真金白银。

三、寻找中国厂家代工，降低成本。

苹果公司设计中心在美国，但是一直在中国生产代加工。因为在中国代加工生产成本比在美国低，并且在中国工厂生产，其质量也都有保证。此举大大降低了成本投入，无形中又加大了利润的空间。

苹果公司的精品战略值得我们每一个创业者深入学习。创业者首先要弄清楚的是，什么样的产品战略才能走得更加长远，并且要清楚，为什么这样的产品战略可以走得长远。接下来就是构建自己的产品战略，打造出富有竞争力的精品。

让产品形成层次感

中国有句俗话说:“孤木不成林。”一个好产品固然重要，但是拥有一批有层次的好产品才是真的好！产品必须有主次之分，哪些是企业主打的产品？哪些是企业辅助的产品？哪些是企业长期发展的产品？哪些又是企业近期开发的产品？这些问题都要搞清楚。

产品形成层次的好处在于，一方面主打产品可以给企业持续带来利润，另一方面辅助产品的发展可以为公司带来更多的后续发展空间。

以苹果为例。苹果公司的产品不太多，主要为三类产品：个人电脑、手机和音乐播放器。哪些是主打产品？哪些又是辅助产品呢？这要结合苹果不同发展阶段来看。

苹果发展初期，主打产品毫无疑问是个人电脑，那时的苹果甚至还没有手机业务。乔布斯重返苹果的开始阶段，主打产品是音乐播放器，后来又转到了手机上面。

苹果公司的产品层次和他们技术创新密切相关，一般来说，苹果每隔一年都会推出一种新产品，新产品是原产品的升级版，借以保持产品的层次感。这样的产品有着稳定的节奏，能在强手如林的竞争环境里保持一种延续性。比如在手机中，苹果已经连续不断地生产了 iPhone1 至 iPhone5。这样做的好处就是可以让消费者保持对产品的新鲜感。

比如那些典型的“果粉”，喜欢上苹果之后，就被这种风格延续升级产生的层次感所俘获。从 iPhone1 到 iPhone5，他们必然都是紧随苹果的。每到苹果公司推出新手机时，这批消费者都会淘汰掉上一代产品，追随时尚换一台最新的 iPhone。

反观中国的很多手机企业，为了满足不同受众的需求，每年都要推出众多不同功能和款式的手机，试图满足各个细分化市场的需求。这种以市场为导向的手机企业无疑是非常被动的。苹果每次产品的推出都能引起轰动。而且苹果公司一贯采用的“饥渴营销”让消费者充满了期待，吊足了消费者的胃口，市场的热度持续升高。从 iPhone1 到 iPhone5，苹果每次只要发布一款产品，都会引发市场的追捧，让对手们可望而不可即。而果粉的狂热追捧使苹果有了保持该产品的高品位，特别是高价位的底气，从 iPhone1 到 iPhone5 的价位几乎一直都是同行手机中最昂贵的。

保持产品的层次感要靠企业不断地创新。企业的根本是产品，而产品的创新研发能力则是企业发展的源泉，只有企业不断地创新研发，才能保证产品具有延续性和层次感，进而保证企业的领先地位，保证企业在严酷的市场竞争中抓住更多的机会，占领更多的市场份额，提高客户的忠诚度。

然而中国很多企业，尤其是刚起步的企业都是山寨产品居多。这样的企业在创业初期，因为资金缺少，不断地抄袭和复制别的品牌产品，的确能用最少的资金和人力迅速地占领市场份额。但事实证明，山寨产品和山寨公司在市场上最多是“昙花一现”，很难持续发展。

如果一个企业想要发展，必须要花大量的资金在研发上。凡是世界响当当的大公司，其在产品研发上投入的经费无不巨大。从以下的数据你就知道为什么这些企业能在同行中鹤立鸡群、傲视群雄了。

以 2011 财年的年报为准，诺基亚销售额为 73 亿美元，研发费用 10 亿美元；惠普公司销售额33亿美元，研发费用1亿美元；三星公司销售额91亿美元，研发费用5亿美元；谷歌公司销售额52亿美元，研发费用7亿美元；苹果公司销售额34亿美元，研发费用6000万美元。

从以上数据我们可以看出，每家公司的研发投入都是巨大的，相比而言，苹果的研发投入还是较少的。虽然苹果投入的研发经费不是最多的，但苹果公司申请的专利是最多的。在12个月的时间里，苹果研发了新的iPhone，两款新iPad以及iPad mini，并对MacBook产品线进行了更新，另外在显示屏、连接器等方面也都有所突破。

在2008年5月出版的美国《商业周刊》名为《最具创新企业》的封面文章里，公布了一年一度的全球创新企业排行榜。依靠革命性iPhone一举杀入手机市场的苹果公司连续第四年排名榜首。

你感到意外吗？我相信对这个排名，几乎没有人会意外。

《商业周刊》联合波士顿咨询公司进行了此次调查，以创新精神闻名世界的苹果公司再度蝉联榜首，这一点也不值得大惊小怪。iPhone在2007年的大红大紫功不可没，iPod在全球数码音乐播放器、电脑产品推出的Mac OS X 10.5 Leopard操作系统，也在苹果的第四次连庄中助了一臂之力。

除了创新之外，丰富产品层次感的做法还有产品系列化管理，产品系列化对于产品层次的最大意义就在于增加品种、降低成本。

丰富产品层次感首先要选择主打产品的基型，基型要求具有代表性，从规格到用量都能体现市场的需要，企业可以以此为基础，打造一系列辅助产品，来完成对主打产品的辅助。

第二，可以考虑横向发展，即利用结构典型化和零部件通用化等方法，确定几种主要的结构型式。

第三，考虑纵向扩展。纵向发展就是设计变型系列产品，比如苹果电脑一代和二代，iPhone1 到 iPhone5。只有实现了纵向发展，才能将每一款产品的消费潜力挖掘到极致，占据大部分甚至垄断这一款产品的市场。

以创新为手段，以横向、纵向两个维度让产品形成层次感，可以有效地让产品更具吸引力，让企业在市场中更具竞争力。

不要频繁更换项目

当一个企业有了能带来高利润的产品、忠诚的顾客、绝对优势的品牌以及层次分明的产品系列之后，接下来应该怎么做呢？

专注，此时你需要专注。把当前的项目做到极致，让它成为市场上当之无愧的第一品牌，然后坐享收益。因为你已经走在正确的道路上，剩下的就是沿着已经定好的正确方向前进即可。如果此时为了所谓的规模也好，多元化也好，而频繁更换项目，则会前功尽弃、功亏一篑。这也是乔布斯和他的苹果公司在产品方面给我们留下的最大的启示。

就像你摆一个水果摊。通过半年的努力，你卖的水果已经名满整条街道，甚至方圆十里的居民都知道这儿有一个非常棒的水果摊，你这儿的水果质量好、味道佳，价钱还公道。所以，只要人们想买水果，都会第一时间到你这儿来。

如果你突然换一个项目呢？把水果换成服装会怎么样？你自以为经营有术、声名在外，觉得多卖些东西一定赚更多的钱。于是，你既卖水果，又卖服装，甚至最后全部换成了服装。那么你很快就会发现，顾客渐渐地都不来了。在人们心中留下好印象的是你的水果，不是其他方面，水果才是你的优势产品。专注你的优势产品，你才能活下去，而且活得很好。

但是，专注不等于只做一款产品。比如你的水果摊，你可以卖桃子、梨，当然还可以卖香蕉、橙子。它们都是水果的一种，是你的优势产品的一个组成部分。所以这就是创业者要注意的问题，专注自己的产品，还得在推出产品方面，注重它的成长和系列性，这也就是我们上面所讲的产品的层次感。你要赢得所有想买水果的客户，而不只是希望吃些香蕉或者买点枣来尝尝的人。

苹果自成立以来，就先后涉猎过个人电脑、音乐播放器、手机、平板电脑等多个电子产品的不同领域。但是，苹果过人之处就在于它在每一个领域只专注于一款产品。乔布斯说："专注，而非一味创新。"正由于苹果的专注，我们才看到那么多经典的苹果产品问世：

1984 年，苹果推出 iMac 的鼻祖——个人计算机 Macintosh，十四年后，苹果公司推出 iMac 台式电脑；

2001 年，苹果公司推出自己的音乐播放器 iPod，并在两年后推出配套服务措施——开放 iTunes 商店；

2007 年，苹果公司推出划时代的科技产品——iPhone 手机，并在以后的几年中相继推出 iPhone1 到 iPhone5 的升级产品；

2010年，苹果发布了自己第一款平板电脑iPad。

从苹果的历史来看，消费者可能会感觉苹果产品繁杂，但如果仅就某一时期而言，苹果除了它的主打产品，决不会将多余的资源用于其他的方面。

苹果的发展更多的是在细节上升华原来的产品，使之更为完美。反观我们有些企业则不然，一个产品运作成功了，不说把全部的资源专注于这方面，反而这山望着那山高，转而涉猎自己并不熟悉的领域，结果给企业带来不可挽回的损失。

我的一个客户就遇到了这样的问题。1997年，他捞到了自己人生中的第一桶金，开始做生意，在北京开了一家艺术品公司，专卖各种房屋装修用的艺术装饰。在那个中国人刚开始富起来、投资房产的年代，他瞅准了市场，属于第一批进入的人，所以生意很火。不到五年的时间，他就成了千万富翁。

就在这时，他开始盲目乐观了。他想，既然我有了这么多钱，为什么不做更赚钱的项目，在别的行业也发展一下？于是，他拿出大部分资产，投资了一家进出口贸易公司，专做代理进出口的生意。乐观的前景并没有如他所愿那样到来，仅仅两年，他的资金链就跟不上了，因为进出口生意不好做，始终赔本经营，结果一蹶不振。

多元化经营不是不可行，有的时候确实可以起到分散风险的效果，但在不熟悉其他领域、没有足够的资本和精力的情况下就盲目进军，放弃原有优势，显然难以成功。像这位客户，他明明可以在艺术品行业继续占据市场，向更高的链条攀升，打造自己的品牌。但他偏偏不想专注，在还没认清自己真正实力之前，横跨不同行业，搞多元化经营。对行业认知度不够，没有意识到潜在的风险，更没有处理好与主营业务的关系，最终导致鸡飞蛋打、一无所获。

中国很多的企业把做生意完全当成做眼前生意，而不是以长远的目光专注创新产品或者服务。如果只是把做企业当成一门生意的话，就很容易改变自己企业的目标，也就是哪种行业赚钱就投资做哪一行。运气好的话也许会谋取一些暴利，但事实证明，一个企业不断地更改自己的项目，危害性非常大。这叫投机，不是创业。所以在企业发展中，最根本的还是核心产品上，千万不能轻易和频繁地更换你的项目。

在这里，我要对即将创业的朋友提一句忠告：与其频繁地更换项目，不如专注自己产品的研发和创新。

谨慎地与第三方合作

企业的产品战略发展到一定的阶段之后，寻找必要的合作者就成为必需的一件事情了。这一点是我们很容易理解的，产品的层次多了，企业的规模上去了，就要寻找更便宜的代加工，或者更有效率的物流运送等等不同的合作方。这些合作方会提升产品的附加值，使产品高效地服务消费者。我们说产品至上，必须也要重视能使产品保值和升值的合作环节。

因为一家公司是不可能搞定所有事情的，无法控制全部环节，必须找第三方合作，借助第三方的优势，提升自己的产品优势，这是现代市场经济发展的潮流趋势。但是，这种合作必须谨慎。如果你选择不当，找错了伙伴，轻则会影响企业的业绩，重则两败俱伤，大伤元气，甚至会毁掉你的一切努力，让企业关门大吉，再也爬不起来。

贵州的吉大夫连锁药房，建立网店商城满一年后，总结核算发现，虽然表面看起来红红火火，但实际上没有任何盈利。经分析，除了管理不当之外，最重要的原因就是合作的第三方物流公司不给力。很多药品销售出去了，但是物流公司的速度跟不上，客户纷纷投诉，导致大量药品滞销，直接影响到了药店的业绩，因为这个停滞的环节浪费了大量的成本。

而苹果公司为了保证自己产品的高端和精益求精，保证自己品牌的高端性，从不与平庸的公司合作。

那么，苹果能够瞧得上的合作伙伴有哪些呢？我可以举出几个：谷歌、三星、微软、富士康。可以看出，能与苹果公司合作的都不是无名小卒，而是在各个行业中出类拔萃的“头狼”。为什么挑一个合作伙伴都要这么严苛？因为只有这样才能保证苹果公司在产品的性能和预算的控制方面有巨大的保证。而且苹果公司在与第三方合作的时候，会不断地更换合作对象，或者通过自己的研发创新重要部分来代替合作方的产品，逐步地尽可能实现自己的控制，由自己来掌控主动权，避免出现受制于人的情况。

谷歌地图曾经与苹果公司合作过很长时间。在苹果推出 iPhone 的时候，谷歌作为苹果公司的服务商，为 iPhone 提供了重要的搜索、地图和 YouTube 等服务，可谓苹果公司最坚实的后盾。2007 年，乔布斯曾说：“现在谈及互联网，你一定离不开谈论谷歌。”但短短的五年之后，苹果公司就放弃了谷歌，改用自己的地图，除了谷歌搜索之外，苹果和谷歌的合作就约等于零了。

这表明，即便是谷歌这么卓越的企业，苹果在与它展开合作时，也是相当谨慎和务实的。

苹果公司为什么要不断地更换第三方企业，或者通过自己的研发代替第三方产品呢？

一是为了对自己产品的绝对控制权。尤其核心的技术，比如谷歌地图，这是手机必带的，如果长期让第三方企业合作，成本必定不是自己说能控制就能控制的。所以苹果公司在没有能力的时候只能依靠谷歌，一旦有了自己研发的产品，就可以扬眉吐气地摒弃掉谷歌，从而使自己对产品的控制范围变得更大，对于一个企业来说在竞争中就拥有了绝对的优势。

二是为了保证自己的品牌优势。假如第三方公司的成本预算或者是技术不能与自己公司的想法一致，苹果就会重新考虑更换掉第三方合作公司。

其实最根本的答案就是为了保证自己企业的长远利益。处于创业初期的创业者不妨照方抓药，像苹果一样去选择合作者。

首先，你要考察对方的实力。其实就是要考察对方的业务能力是否与本公司的实力匹配。

其次，就是在实际操作过程中一定要不断地考察，千万不要一看而过、不做深究。你必须要保证第三方公司与自己的利益能共存共依，而且在合作中保证自己绝对的控制权。如果第三方达不到标准，就要立刻停止合作，这样才能令自己的企业在选择第三方公司合作的时候更占优势，避免受制于人。

总而言之，选择对的第三方，就给了产品一个重要保障，可以让企业顺利对接消费者，使产品顺利增加附加值。

第二章 追求完美

CHAPTER TWO

- 产品的“缺陷”永远不是一种美
- 对细节保持极致的追求
- “没有 B 计划！”
- 没有任何借口
- 用户是最终的目标

产品的“缺陷”永远不是一种美

再完美的企业，再优质的品牌，它在发展过程中都会出现不可避免的毛病和缺陷。就连苹果公司也不能例外。这些缺陷有时甚至可以导致企业的毁灭，但我们只能努力去改进它，而不能完全把它消除。

但是，这并不意味着我们就能容忍自己的产品出现缺陷和不足，因为无论出于什么因素导致的产品不佳，对你的企业形象来说都只会产生严重的伤害，而不是什么益处。大凡抱着侥幸心理对待产品缺陷的公司，最终都会被这些自己忽视的缺陷所击倒，比如那些曾经无比风光的奶粉公司。苹果公司当然也不是完美的，它的产品也曾出现过设计方面的缺陷，比如一种迷你的 iPod 数字音乐播放器，在运行游戏或者下载文件等高密集处理时，会出现机身温度过高的现象，特别是在夏天，这种温度的骤然升高，是让人很难忍受的。

于是，消费者开始抱怨：“这太热了，我简直无法握住它。”诸如此类的牢骚话顿时成为互联网上针对这一产品的常见评语。还有苹果公司的 iPhone 4 手机，也曾有用户反映它的信号接收能力不够强劲：“只要我握住某一个部分，我就听不到电话，这实在让我意外。”

产品出现了问题，苹果公司的一些高管起初表现却很傲慢，企图置之不理，但这给公司的形象带来了巨大危害，因为人们不但没有在时间的冲刷下忘掉这些不太影响使用的细节缺陷，反而越来越重视此事，许多人开始投诉，并付诸报端；这些事甚至惊动了美国国会议员，政客也来凑热闹——美国参议员 Charles Schumer 亲自给乔布斯写了一封信，要求苹果公司迅速解决这一问题。

这意味着，有三种比较大的麻烦同时出现了（对企业来说绝不是好事）：

一、消费者信任危机

当你的产品质量存在某种缺陷，你的反应又很迟钝甚至满不在乎时，消费者的信心就会开始下降，而且很容易引发雪崩效应。即便苹果这样的公司，也会面临消费者的信任危机，比如纽约第五大道旗舰店出现过大量的集体退货现象。

二、媒体信任危机

随着产品缺陷事件的不断曝光和苹果公司这些高管态度的暧昧，美国各大媒体纷纷加大火力，特别是当公信力很高的《美国消费者报告》发布了一篇文章后，这篇文章明确表示不推荐用户购买此款产品。一时间，抨击苹果的舆论顿时达到了一个高潮。

在产品出现问题时，如果你越是嘴硬不服输，媒体往往就越会揪着你不放。很多媒体大量地报道、转载相关的评论，这对于企业来说，打击无疑是巨大的。

三、品牌美誉度危机

接二连三的产品缺陷的危机，虽然并没有让苹果公司处于危机四伏的地位，但让苹果公司的业绩一落千丈。短短几天过后，苹果公司的市值缩水了约160亿美元。这还不是最严重的，关键是用户的忠诚度开始下降，品牌的美誉度也开始随之下滑，用户的负评逐渐增多，本来计划购买苹果产品的潜在用户也犹豫了——不少人选择了其他产品。

在这种危机的冲击之下，苹果公司尚且如此，对于一个新创的企业来说，当产品的缺陷被发现时，你有什么办法来挽救它呢？我相信大部分的创业者都会选择逃避。事实上也是如此，很多企业管理者都会以一种爱理不理的心态应对这些麻烦，他们轻视了“缺陷”对于产品、对于企业本身的威胁度。等他们万般无奈真正重视起来时，已经回天无力了，他们只能眼睁睁地看着消费者和媒体的怒气将自己的事业吞没，在消费者和舆论的口水中万劫不复。

产品的缺陷对于企业危害是如此之大，我们的企业家特别是刚起家的小公司如何正确地处理这种情况，安全地渡过危机呢？我们可以看一下乔布斯是怎么做的。iPhone4信号差的问题出现后，他决定召开一个发布会，给消费者一个交代。在发布会上，苹果公司公开承认了产品的缺陷，然后积极地补偿消费者的损失。

这首先体现了一个好的态度，也是良好转变的开始。消费者感受到了企业的诚意，渐渐降下了最开始的强烈的抵触情绪，苹果公司为后面的公关和对产品的改进争取到了机会。随后，乔布斯给出了苹果公司的解决方案：公司将会为iPhone 4的所有新用户免费赠送手机套来初步解决通信缺陷，承诺之后还将重新考虑更好的解决方案。

乔布斯还承诺：“对于已经购买iPhone 4的用户，任何不再喜欢它的人都可以在购买的30日之内退货并且获得全额退款。”

承认了自身产品的缺陷，而且态度友好，对消费者进行补偿，这让苹果公司安然地渡过了那一段严重的危机。

因此，在企业的发展中，特别是当你的公司刚开始起步时，千万不能忽视产品缺陷，只去追求资本的积累。许多公司在成立之初，资金十分紧张，为了在最短时间内完成资金的回笼和规模的扩张，会最大限度地追求成本最低化和利润最大化。也就是说，对于产品的质量问题往往不放在心上，有些公司反而故意降低成本，这就造成了问题产品的出现。有些老板会这样说："等我赚了钱，我再去做精品。现在我没有足够的钱来保证产品是完美无缺的，我想消费者也不会在意的吧？"

为追求利润，牺牲产品，持这种心态的老板大有人在。抱着侥幸心理去冒险欺骗消费者，不追求产品的精益求精，而利欲熏心的结果，就是你没有再做精品的机会，因为市场会把你无情地抛弃，就算苹果那样的知名大公司也要面对人们的抨击和指责，何况是还未被市场认可的处于起步阶段的企业。

所以，无论大小企业，都必须要正确面对产品存在缺陷的现象，积极解决处理问题，从自身寻找原因，不断完善产品性能，才能实现企业的长远发展。

对于刚刚起步创业的人来说，即使公司已经有了一定的知名度，也不能自满自大，总以为自己的产品完美无缺。企业的发展不容易，企业品牌的建立更是不易，这并非一朝一日之功，而是通过长期不懈地对产品的专注研发和创新，完善产品，才能达到让消费者逐渐认可与满意的程度。

对细节保持极致的追求

人们常说，细节决定成败，不注重细节的人，在生活、工作中马马虎虎，很难取得比较高的成就。在企业经营上更是如此，细节决定企业的生死，此话一点不假。

观察那些失败的企业，你会发现一个有趣的现象，它们永远都看不到细节，或者不把细节当回事，工作总是敷衍了事，过一天是一天，总想着天上掉馅饼，或者试图糊弄消费者，搞粗放式经营，人云亦云。它们不去创新，不追求管理的进步，对产品的细节也看不进眼里。这样的企业，只能永远跟在别人后面亦步亦趋，甚至跟风也跟不好。

那些考虑到了细节、注重细节的企业，往往能在细节中找到机会，做出十分出色的成绩，从而使自己走上成功之路。比如乔布斯和他的苹果公司，之所以能达到如此高度，与乔布斯对细节保持狂热、极致的追求息息相关。

乔布斯平时戴的手表是一款保时捷手表。这款手表设计精美，非常注重细节。一旦有人注意到他的手表并表示赞赏时，乔布斯便会很大方地把它摘下来让人观赏，甚至会作为礼物送给对方，而且用赞美的口吻道："恭喜你慧眼识珠，识别出精美的设计。"几分钟后，他的手腕又会戴上一款完全相同的手表。他在办公室里存了一盒子这样的手表，以便在必要的时候赠予他人，每块手表价值在 2000 美元左右。

乔布斯对细节的追求更多地体现在对产品的高标准要求上，这也是苹果产品得到消费者认同的关键因素。

“苹果的产品必须持续让人欣喜。”这是苹果公司的产品目标，也是乔布斯一直坚持的信念，而这份惊喜很多体现在细节上。

比如在员工展示产品设计功能的时候，他会把重点放在用户界面上的一个没有设计好的视觉元素上。如果控制面板上有太多的按钮，他就会要求工程师把这些碍眼的瑕疵去掉，就算按钮精简了，如果设计得不够漂亮也不行，字体没有校准这样的细节他都不会放过。这种精益求精的严谨态度，也成为了苹果产品成功的关键因素之一。事实证明，乔布斯的监督是对的，就是因为对产品细节的关注才能赢得更广大消费者的喜爱，否则很容易陷入平庸，流入俗套，变得和那些缺乏竞争力的公司的产品一样没有生命力。

iPhone 的封装设计这样的细节也曾得到乔布斯的极度重视。临近上市时间，乔布斯还曾要求工作人员做出更多的方案以供选择。他冲设计人员吼:“告诉你，我就是不喜欢这个玩意儿！我无法说服自己爱上这个东西，这可是我们做过的最重要的产品的一部分啊。”在他的苛求下，设计人员继续“摧残”自己的大脑，于是有了 iPhone 产品现在的样子，这归功于乔布斯对细节的苛求。

为了让细节更完美，他不惜把最重要的工作“停下来”。这是一种莫大的勇气——也正是我们最缺失的。不光对自身，乔布斯对于他的合作方也力求“一视同仁”，不达到他对于细节的完美要求，他是决不罢休的。

苹果公司总是精心地挑选出他们认为最好最合适的合作者，不管是宝马、福特、本田这样在 iPod 转接器上有合作的巨头，还是包括便携话筒、音乐播放器外壳厂商等在内的小硬件制造商，苹果的要求都是一视同仁且极高的。他们从不因为所要合作的部件是重要还是次要的，而提出不等的要求、给予不同的重视。因为对于苹果来说，不管是关键还是细节，都是服务于一个完整的产品的，涉及到产品及整个企业的形象问题。任何一个地方的逊色，都会降低苹果的档次。苹果专卖店的一位广告合作商曾这样对人说起乔布斯："他让我们花半个小时，就为了决定洗手间指示牌要用多少色度的灰色。"可以想象，这是一种怎么严谨的对细节高要求高标准的工作态度。

"这辈子我们没法做太多事情，所以每一件都要做到精彩绝伦。"这是乔布斯的名言。

乔布斯这种追求细节的意愿或需求日后成为"乔布斯式"的品格和他作为成功的产品大师的一项本质特征，也正是基于这点才成就了苹果公司的神话，这对于中国的创业者来说是最值得思考和学习的。

"没有B计划！"

追求完美，意味着我们在做事的时候尽可能不要为自己准备"B计划"，盯准一个目标，才有更多的精力、有更多的可能打造出完美的产品，虽然缺乏"备选途径"可能意味着你会承受相当高的风险。

其实，当我们自觉断掉那些备用选项，只留下最应该做的那个选择时，往往会产生自己都无法想象的巨大力量，那些几乎让你不敢想象的事情也就完成了。当你出其不意地做好了一件事情，你的自信心也会随之增加。

不给自己留下退路，意味着你不可以回头，必须迎难而上，必须想办法，这条路注定是孤独而充满挫折的，而一旦时过境迁蓦然回首的时候，你会发现你收获的不仅仅是渡过这个危机而已。做事情如此，领导一个团队、进行创业更需要这样的勇气与魄力。

乔布斯就是一个这样的领导者，他从来不给自己留退路，也要求员工认准方向、全心投入。对于乔布斯来说，任何事情都没有 B 计划，只有 A 计划。而且，唯一的 A 计划必须做到最好，不留有丝毫遗憾。苹果在进入一个新的领域时，只倾注全力打造一款产品或服务，不设备选方案，没有退路。乔布斯认为，只有这样，人们才能将最好的创意、技术、设计倾注到一款产品上。

很多企业之所以不能做大做强，其实很大原因就是选择太多、后路太多，不能全心全意地去研发一个产品，总是东一榔头西一棒子，最后企业一个精品都没有，更别提有核心竞争力了。

要降低“没有 B 计划”的风险，必须给 A 计划配合高标准，甚至是十分严苛的高标准。换句话说，你不能一边告诉自己没有退路，没有第二选择，却一边执行 A 计划时不当回事，马马虎虎，松松垮垮。如果这样，你不但会失去 A 计划，就连将来执行所有计划都没了机会。

乔布斯对员工的要求向来是“没有最严格只有更严格”。当初苹果在开发 MacBook Air 笔记本时，乔布斯苛刻地提出“这款笔记本的大小不能超过一个记事本的大小”“我希望有一天这个电脑能够被装进牛皮纸袋里”等等要求，设计师对乔布斯的“变态”心怀怨念，他们觉得这太难了，简直就是痴人说梦。但他们的抱怨，在乔布斯眼里都被定位为无能，他坚信这个世界上一定有能够完成它的人，所以他对设计师说："如果你不想成为那个人，那么我们也可以找到其他想完成并且有能力完成它的人！""让笔记本电脑小到不超过记事本、薄到可以直接装进牛皮纸袋"，这是乔布斯认定的计划，是没有任何商量余地的计划，一旦认定，没有任何力量可以阻止他改变这个计划。

事实向我们证明：乔布斯是最终的赢家。2008年，乔布斯向人们展示了他的"魔术产品"——世界上最轻最薄的笔记本，它确实小巧到可以直接装进牛皮纸袋里带走。

试想，如果乔布斯因为员工的抱怨而选择了退路，改变自己的想法，员工能达到什么样的水平他都照单凑合收下，苹果还会有今天的成就吗？当然不可能，而笔记本的发展，很可能还停留在那个又沉又笨的时代。

然而，太多的领导者缺乏这样一种品质，对下属要求太低，他们不是不想严格要求，而是不敢，害怕员工迫于高压放弃工作，害怕自己的A计划是失误，当真无法实现。其实恰恰因为这样的心态，使得很多本可以完成的工作夭折，导致了企业发展受阻、员工平庸。管理者应该有这种魄力，像乔布斯那样要求员工：你做不到，总有人会代替你的位置做到。不要让员工随意左右了你的想法，要摆出这样的姿态：要么完成任务，要么卷铺盖走人。缺乏勇气的早晚都会离开，即使暂时留下也早晚会因为下一次更大的压力临阵脱逃；而坚信自己有潜力，愿意逼迫自己尝试并尽全力去做的，总会给你留下巨大的惊喜，也给自己积累了巨大的财富。

当然，这并不是毫无道理的强势，领导者做出A计划首先必须经过慎重的分析或调研，确认A计划确实可行，确实是一个完美的展望，确实能实现一个完美的产品。

“没有B计划”还要求领导者必须树立起绝对权威。乔布斯在苹果的绝对权威地位就是他能实施一个又一个A计划、研发出一个又一个完美产品的重要因素。

1998年，乔布斯从惠普公司挖来了杰夫·库克。当时，乔布斯对公司的服务部门很不满意，在苹果公司一次服务支持部门的会议上，乔布斯没有任何开场白，劈头盖脸地把在场所有人臭骂了一顿，他不留任何情面地说，苹果公司的服务业务简直糟糕透顶，公司的业务员全都没长大脑。会议室内的所有人都被这强烈的指责吓呆了。这时，负责服务部门的副总裁杰夫认真地向乔布斯说，自己正在处理这件事情，并讲述了自己为期三个月的改革计划，希望能够得到乔布斯的理解。但是乔布斯回答杰夫：“我等不了三个月，我希望一夜之间就能见效。”杰夫目瞪口呆，他想到要和乔布斯谈判，但是乔布斯的坚定态度告诉他，要么执行他的命令，要么换人来执行。所以，杰夫只好表示同意，而事实上，虽然杰夫最终从苹果离开了，但他也承认乔布斯确实是一位伟大的领导者。

苹果公司之所以能成功，很大程度上源于乔布斯决策的A计划的可实施性、他铁腕的管理策略。没有B计划，员工要么成功，要么滚蛋。为什么我们那么多的企业总是止步不前呢？为什么我们的企业生产的产品总是很少有精品？为什么我们的企业总是在生死的边缘挣扎？这主要因为我们很多创业者缺乏一种咬定青山不放松、锲而不舍的精神。我们不但有A计划，还有B计划，甚至是C计划等等，计划确实很多，但结果却是总办不好事。为什么会出现这种计划满天飞的情况呢？除了客观原因，最重要的一个原因就是创业者的主观因素。创业者心猿意马，目标不明确，没有一个长远的规划，今天一个项目，明天一个项目，没有一个长远的目标，所以影响了企业的发展。还有的就是有些企业虽然有长远规划，但是执行能力非常弱，一旦遇到一些挫折就改变目标，因此企业的发展很难获得突破。

有一个合理的A计划，有一个强势权威领导下的强大执行力，企业势必会以破竹之势发展壮大。

没有任何借口

追求完美，就要求企业或个人不能为自己的错误或失败找借口。对我们来说借口是很容易找的，人人都能随口找到理由逃避责任，但问题还在那里，不会因借口多而消失。

很多企业止步不前，就是因为他们在遇到失败的时候，不断为自己找借口、为自己开脱，他们能找出很多证明“与己无关”的借口，却很少为解决问题寻找方向。长此以往，企业很容易滋生惰性，最后发展停滞，甚至陷入破产的境地。反观一些成功人士，他们在面对失败、面对困难的时候是什么样的态度？他们总是积极寻找解决问题的办法，寻求化险为夷、转危机为机会的办法，这样的态度成就了无数完美的甚至超出原有计划的完美产品。

乔布斯就从不允许他的下属为失败寻找借口。对于“借口”这个词，他深恶痛绝。

曾在苹果公司卧底数月的《财富》杂志记者亚当·拉辛斯基，在其发表的关于苹果公司的专题报道中，讲述了他卧底调查期间的所见所闻。

在这个名为《苹果内幕》（*Inside Apple*）的专题报道中，拉辛斯基提到这样一件事。2008年，MobileMe遭遇了惨重的失利，乔布斯对此大为生气。他在会议中当众严厉斥责了MobileMe团队的全体成员，他声色俱厉地批评说："你们玷污了公司的名誉，你们都该为让彼此失望而自责。"痛斥之余，还宣布撤掉这个团队的负责人。乔布斯对于这件事的原则就是，谁也不需要讲任何借口，失败就是失败，失败就要承担责任。

有苹果的员工晋升为副总裁，乔布斯曾对他们进行过主题是"看门人与副总裁的区别"的训示。他对这些新任副总裁说："看门人犯了错误寻找借口是可以原谅的，但公司的副总裁不能有任何借口，如果遭遇失败，你就必须负责。"

乔布斯总是要求员工从自身找出失败的原因，不断总结，不断突破，完善自身，使企业也不断得到进步。

纵观这么多创业者的失败，往往都是因为他们从客观因素中找借口。这些理由是：

"没有钱。"

很多创业者，在遇到失败的时候，第一个理由就是自己没有足够的资金，因此没有底气，不敢行动。其实成功创业的并不全是有足够资金的，关键在于你怎么安排可利用的钱。

"找不到稳赚的项目。"

很多创业者总是想着不冒风险就能成功，不得不说，没有风险的成功就是天方夜谭。如果想创业成功，不要过分计较项目有没有风险，而要琢磨自己是否了解这个行业，是否觉得这个项目有前景。如果具备这两个基本条件，好的方法加巧的手段，风险也是你的黄金。

“没有成功的经验。”

年轻创业者有时候会说自己经验太少，不知道怎么处理一些重大事情。但是经验都是通过不断摸索和积累而来的。其实很多人都懂这道理，可一到创业时，就有相当多的人在这方面犯迷糊。

“市场竞争太激烈了。”

不管做什么事情都会有竞争，更何况是创业，所以创业者老用“市场竞争太激励”为借口，其实就是在摧毁自己前进的道路。

……

以上都是创业者在创业中找的借口，这些借口最终衍生了失败。归根结底，主要是因为创业者缺乏自信，或对自己要求太宽。他们在潜意识中不愿意鞭策自己去解决问题、承担责任。信心是创业者制胜的法宝，一个不想承担责任的人，他也就失去了应该具备的信心。所以我们经常看到身边有一些人在创业时，总是显得自信心不足，过分怀疑自己是否有驾驭项目与风险的能力。在这种消极心态作用下，机遇与幸运也就与他擦肩而过。

其实，在创业中失败并不可怕，失败后到处找借口，逃避责任，不思进取，才是真的自寻死路。一个创业者和一个企业都是在不断总结失败教训之后才走向成功的。

我们都知道，乔布斯的创业过程也并非一帆风顺，但他能从失败中不断总结经验，让自己的事业茁壮成长。在创业初期，苹果公司生产的个人电脑太贵，无法跟 IBM 公司生产的个人电脑竞争，结果市场表现惨淡，苹果节节败退。在归结责任时，乔布斯作为董事长自然成了替罪羊，1985 年 4 月份，他的经营大权被董事会决议撤销。乔布斯几次想夺回权力均未成功，于是在 1985 年 9 月 17 日果断地辞去了董事长职务。

乔布斯没有为失败寻找任何借口，反而以此为契机，不断进步。乔布斯也说："可以肯定，如果我没有离开苹果公司，后来的这些事情（成功）一件也不会发生。良药苦口，但我想，作为病人，需要这个药。生活有时会拿起一块砖头在你的脑袋上猛拍一下，但千万不要失去信仰，不论遇到什么。有一点是肯定的，唯一使我一直走下去的，就是我务必钟爱我做的事情。"

也正是由于怀揣这样的信仰，乔布斯回到了苹果公司。回归后的乔布斯，埋头于苹果的改革和创新，经过两年的努力，最终向苹果，也向世界再次证明了自己的超强实力。1998 年，乔布斯带领苹果向世人隆重推出了 iMac，博得了全世界的掌声和赞叹。1999 年，在乔布斯的一系列重磅改革措施后，苹果公司重新焕发了生机，从之前 10 亿美元的严重亏损，一直崛起到盈利 3 亿多美元，完成了一次"奇迹"般的华丽转身。

这归功于乔布斯，归功于乔布斯在遇到事业的极大挫折时，乔布斯没有为自己寻找借口，反而迎难而上，审视、反思和重新上路，才有机会完成了一次人生和事业的升华。

所以，在创业中我们难免会遇到失败，碰到挫折，乃至产生绝望、心灰意冷，这对于创业者来说并不是最终的失败。但是，如果你退缩了，给自己找借口了，那才是真的失败了。归根到底，失败的原因是自己打败了自己，如果我们在失败的过程中不找任何借口，而是不断总结经验教训，成功自然属于你。那时候，完美的产品品牌、完美的企业家、完美的企业形象，都将在你手中。

用户是最终的目标

追求完美，也是针对于用户而言的。任何时候都不能忘记这一点：用户至上。一个完美的企业家，他一定是将用户放在头等重要的位置；一个完美的产品，也一定是符合用户需求的产品。

苹果公司的产品之所以备受消费者喜爱，与乔布斯“用户至上”理念是密不可分的。

乔布斯认为，不管苹果的产品创新到什么程度，方便用户使用，永远是不变的追求。众所周知，乔布斯是一个彻头彻尾的技术狂，但是对于技术他又有自己独特的看法，即，不能为了创新技术而做技术，他更不会为了丰富功能把一大把缀余的功能硬塞到产品中去，他宁肯让产品少一种功能，也要做到让用户一学即会。苹果的所有产品都是围绕这个宗旨去做的，所以从老人到小孩，都对苹果青睐有加。

2001 年，iTunes 推出了在线音乐商店，这是一个收费的音乐购买点，对于那些习惯在网上免费共享音乐的人们来讲，这种做法简直是疯了。有人问：怎么会有傻子去花钱买本来可以免费的东西？还有人说，除非盗版毁灭了。因为这是一笔很清晰的经济账：我明明可以免费搞到一首歌曲，为什么要付1美元购买？然而，在音乐商店推出之前，乔布斯就已经有了明确的回答，他傲慢地说："用户体验。"

"我看不出只需要语言就能说服人们不使用盗版的理由，除非你能提供胡萝卜而非大棒。我们的胡萝卜是什么呢？就是我们将为你提供更好的体验，而代价仅仅是每首歌花掉你1美元……这就足够了。"

仅仅一美元，就可以让你不用耗费大量的精力和时间在网上寻找免费歌曲资源，对于爱好音乐的人来讲，只要在音乐商店点一下购买，就可以享受高品质的音乐和服务，优质的体验让消费者觉得花一美元是值得的。而事实也证明，iTunes在线音乐商店后来变得非常火爆。

乔布斯非常重视用户体验，但他并不一味地依赖消费者的调查结果。乔布斯曾经对《纽约时报》说："就好像我们怎么可能去请教一个对图形界面计算机毫无了解的人如何做出图形界面计算机呢？他根本没有见过这个东西。"

在乔布斯看来，一个企业不能仅仅停留在满足用户需求上，除此之外，让消费者有全新的用户体验是一个完美的企业应该做的。

正如索尼一样，他们在推出随身听之前就做了大量的市场调查，根据调查的结果，没有人愿意买这个东西，按这逻辑，他们如果坚持造出随身听，也会是滞销产品。然而，索尼的创始人盛田昭夫仍坚持推出，事实证明他成功了。

乔布斯也一样，他会通过自己的感受和追求，设计出相应的产品，然后引导用户去体验，抓住人们敏感的神经，并且激发出用户群中最广泛的兴奋点。

在乔布斯看来，就算你去询问焦点用户，他们需要什么，想要什么，他们也可能会告诉你：我也不知道。所以，乔布斯对《商业周刊》说："很多时候，人们只有在你把产品放到他们跟前的时候，他们才会恍然大悟：'哦，这就是我想要的！'"

事实上，乔布斯有时候就充当了苹果的焦点用户。他不是工程师，所以他能像个门外汉一样思考，而且以他的苛刻程度成了苹果用户中最难满足和最难以"伺候"的。所以只要能达到他的要求，几乎就能满足绝大多数消费者。

乔布斯的追求完美、重视用户体验，还体现在他非常注重产品的细节，因为他觉得细节才会在无形中让消费者对企业、对产品有周到全面、追求完美的印象。

消费者每天面对着成千上万的产品，有好的品牌和新的产品，有他们曾经喜欢的，也有他们已经放弃的。对于企业来说，怎样赢得消费者的喜好就成了关键。特别是在全球经济发展放缓的大背景下，许多人的收入减少，甚至有大量的人失去了工作，养活自己都很困难，其消费能力和消费信心也随之下降。曾经，我帮一家公司在国内做市场调查时就发现，许多人不是不喜欢这类产品，也并非不需要，他们的回答是："我不敢花钱，因为我怕交不起房贷。"

这一残酷的事实表明，如今要想赚消费者口袋里的钱越来越难了。所以为了赢得消费者的青睐，企业要更加注重用户体验，一切为了用户，要拿出极致和完美的态度来实现对于用户的满足，以此来做大和做强市场，去谋求更大的利润。这一点对初创业者来说更为关键，因为和大公司比起来，你除了愿意付出更多的热情为用户做得更好之外，什么优势都没有。

第 三 章

敢于残忍

CHAPTER THREE

- 放弃已经失去市场的完美计划
- 收起你的乐善好施，否则公司的制度将变成废纸
- 砍掉大部分业务，保持极致的专注

放弃已经失去市场的完美计划

一个创业者要想成功，就要让自己有一个正确的商业判断，以及果断地放弃已经失去市场的所谓的“完美计划”。我们知道，乔布斯之所以能把苹果公司发展成为世界级的优秀企业，与他在关键的时刻懂得取舍不无关系。乔布斯认为，一个人所做的最重要的决定并不是做应该做的事情，反而是不去做不应该的事情，即放弃那些已经失去市场的看似完美的计划。

企业的发展是以盈利为目的的，但是不是只要有钱可赚的项目都要去发展呢？事实告诉我们并非如此。一个成功的企业家，首先应在这复杂的市场形势中学会正确研判，是选择坚守，还是选择放弃？该放弃什么，该坚持什么？这都是创业中的辩证法。你不懂得运用这种辩证法，你就会死得很惨，而且是被自己害死的。

那么，如何才是正确的判断呢？对于一个创业者来说，你应该怎么办？其实这里面并没有一个标准的答案，但一个基本的准则就是，要以市场为导向，学着去让市场做最后的裁决。当市场给你的计划亮出红灯时，果断放弃，不要有丝毫犹豫。

1986 年乔布斯斥巨资买下计算机图形工作室，将其命名为皮克斯，用于研发动画绘制的计算机。然而当他们研发出来的动画绘制计算机上市后，由于售价太高，所以市场反应并不好。乔布斯面对“动画绘制计算机”这个完美的计划，还是选择了放弃，转向制作电脑动画电影，虽然前期在动画绘制上已经付出了巨大的投入。

虽然损失很大，但事后的经历证明乔布斯的决定是英明的。转型之后的皮克斯与迪士尼影业联合制作的《玩具总动员》，一举获得了3.62亿美元的惊人票房，扭转了之前的资金困窘态势。此后的皮克斯在电影上的成就更是一发不可收拾，《海底总动员》、《赛车总动员》、《美食总动员》、《飞屋环游记》等等深得市场欢迎的动画片相继问世。一时间，皮克斯轰动全球，名利双收。

当我们知道一个项目在没有商业价值的时候，应该果断地转向另一个目标，这就是一个做出英明判断的过程。一旦判定项目不好，就要以壮士断腕的决心，更弦易辙，另觅明途。通过对于乔布斯的案例分析，我们知道，一个创业者的正确判断主要是以这个项目是否盈利为标准的。其实在考虑企业的盈利目的的时候，我们还必须在坚持短期利益的同时兼顾长期利益，当我们眼前的盈利选择对企业长期发展不利的时候，要学会做减法，也就是放弃眼前的利益。

阿里巴巴在2009年取消了所有关于营业额和利润方面的考核。马云不要员工干什么，而是要员工自己告诉自己，他们想干什么，他们能为公司做什么。所以阿里巴巴把考核指标取消了，也就是说，不把公司短期的经营效益施压于员工之上，而是要求员工给公司一个真实的数据，一个长远发展的计划。结果是什么呢？公司反而做得越来越好。

同样，在王石看来，万科的稳健发展也得益于高明的取舍之道。

“万科曾经做过进口录像机的生意，利润达到了 200% ～ 300%，这种超额利润使得许多公司都挤进了这个行当，然后供过于求，各家公司的利润都急转直下。我对 1984 至 1992 年的贸易做过统计，赚钱的用黑字表示，赔钱的用红字表示，结果红字多过黑字，说明多年贸易的结果是赔钱多过赚钱，这也说明市场很公平：之前你怎么暴利，之后你都要给我吐出来。”此后，王石提出：万科超过 25% 的利润不做。

因此，万科错失了一些看起来很诱人的“良机”，但是这也使得它避开了更大的危机。

事实证明，有时候放弃眼前利益，才能使企业平稳渡过危机，才能保证企业持续长久发展。因为市场随时会发生变化，没有始终稳定的市场，也不会有永远不变的好生意。那么对于一个创业者来说，就要把一道题做好，让自己学会怎么做出明智的商业判断：选择和放弃，最根本的原则就是对于企业长远利益的把握。当然这里也有一个辩证的智慧，需要你在创业的过程中不断地总结和学习，既要看清别人的教训，也要根据自己的实际情况进行斟酌和取舍。

或许你原本描绘的蓝图很美，但当你发现它根本无法达到你想要的效果时，果断放弃，无论那个计划有多完美。记住，只要那个市场已经失去了，再好的计划都不会有意义。所以，果断点，残忍些，这才是真正地善待自己善待企业。

收起你的乐善好施，否则公司的制度将变成废纸

敢于残忍，就要适时地收起你的乐善好施，否则公司的制度将变成一张废纸。因为公司不是慈善机构，它是要最大化服务客户、赚取利润的地方。如果你是一个乐善好施的人，我建议你尽快打消创业的念头，去做别的事情，比如去福利机构当义工。否则你会很快意识到，自己的仁慈将是一个多么大的弱点，会给你带来多么严重的“伤害”。

随着市场经济发展的不断成熟与进步，加上金融危机带来的冲击，行业之间的竞争显得异常激烈，稍有不慎，一家公司就会面临倒闭；再加上市场发展的需要与人才的竞争，对企业管理的要求越来越高。而很多中小企业，尤其是新创业者在面对管理问题时茫然不知所措，原因就在于管理者不能“残忍”地对待下属，不能“残忍”地对工作提出高要求。今天包容下属出了个大错，明天谅解技术不达标勉强凑合，那么后天你可能就会面临消费者的质疑与批评，因为市场是残酷的，它不会谅解你一再出错。严格的规章制度是一个企业生存发展所必需的。

敢于残忍的核心是如何领导你的团队，使之齐心协力共同朝着一个方向走。这一点要向乔布斯学习他那独特的、残忍的领导艺术。

乔布斯对员工要求严苛是出了名的，几乎方方面面都能体现出来。Macintosh 在研发过程中，乔布斯认为用户手册的说明太过复杂，他就要求返工重写。针对乔布斯近乎“苛刻”的要求，他的团队向他强调，他们已经尽力了，而且这个手册并不难懂，只要高中三年级的英语水平。然而乔

布斯立即反驳说:“不行，要小学一年级水平的也能读懂。”

这样严苛的要求下，苹果推出的产品得到了不分老幼用户的广泛喜爱。

其实在苹果公司，人们时常会听到乔布斯说出的各种各样天方夜谭似的要求，搞得设计师对乔布斯的要求抱怨不断，但乔布斯不为所动，将“残忍”进行到底。因为，他确信，他的这些要求看似难以办到，实际是可以实现的。乔布斯“残忍”的结果就是员工们向世界提供了在他们曾经看来不可能出现的产品。有人说，这样的乔布斯简直是“暴君”。不错，在乔布斯眼里，他喜欢做能干的“暴君”，而不是民主管理。民主管理不适合一家快速扩张中的企业，也不适合一家志存高远的公司。这是乔布斯的观点，实际上，也是我向创业者推荐的原则。如果你想让自己的公司迅速崛起，作为主要领导者，你一定要让自己变得“残暴”、“集权”，要“压迫”你的员工，让他们迸发出全部的潜能，要制定严酷的制度，优者进、劣者出，让这儿成为最强者的乐园，而不是弱者的福利院。

在乔布斯这样的铁腕领导下，很多苹果公司的员工刚开始都对乔布斯有抱怨，但是他们最后还是感激乔布斯的。其中有一个员工说:“是乔布斯让我有了今天的成就，他培养出来的产品、技术还有公司，以及他的思维和态度，这些都已经成为我生活中的关键组成部分。他所做的事、创造的机会，以及他对周围人的影响和期望，这些塑造了我的今天，我感谢他！”

乔布斯的“残忍”不只针对下属，对于自身更是严格要求。他是一个对自己和对手下同样“狠”的管理者，从来不搞双重标准。也正是由于他的以身作则，使他拥有无与伦比的人格魅力，在公司内部建立了极高的威信。乔布斯曾参与过一个广告宣传项目，负责在广告播出前检查广告拷贝，并标出变化。他在现场连续奋战三天三夜，不放过每一点瑕疵，最终为大家呈现了一段精彩的视觉盛宴。

乔布斯的诸多表现更容易使人们把他理解成一个“独裁者”、一个“暴君”。人们会想，大概所有员工都不喜欢他，甚至想找机会“痛扁”他，如果自己身边有这样一个老板，一定会毫不犹豫地炒掉他。然而事实是，苹果员工虽然很“恐惧”他，但单纯因为“讨厌”乔布斯个人的管理风格而选择主动离开苹果的人也并不是很多。

在乔布斯的领导下，苹果公司一直处于巅峰的状态，无论是企业利润还是产品的影响力，苹果都是国际市场上响当当的“老大哥”，堪称全球企业的典范。

史蒂夫·乔布斯影响了无数人，让我们来学学乔布斯关于“残忍”的五堂管理课。

一、对经理“残忍”，除非你需要一个花瓶。

乔布斯一直很喜欢小团队，苹果的项目组大多属于小型规模，而对项目经理要求非常严格，他首先必须是工程师，而非其他企业要求的纯粹的专门搞产品的经理或者只读过 MBA 的管理人员。对于技术型公司，这一点很重要，因为监管项目的经理人只有在完全懂得技术的前提下，才能够真正地参与到产品开发过程中。

二、对员工“残忍”，高压中激励员工成长。

在苹果公司，每个人的潜能都会得到挖掘。乔布斯会要求经理们“超标准”磨炼下属，让他们担负具有挑战性的工作。然而也正是这种看似“残忍”的要求，使员工受到了真正的锻炼，潜能得以激发，最终与公司一起飞速成长。

三、对产品“残忍”，严守最后期限。

苹果对最后期限有着严格的要求，这要求产品必须在规定的时间面市。如果产品在最后期限内，没有达到苹果的高标准，那么“心狠”的苹果就会砍掉这个还没达到要求的功能。然而事实证明，这种做法是非常明智的。这不仅是对产品和消费者的尊重，更是对产品的负责任。

四、对“自己”残忍，只做自己的对手。

苹果向来只关注自身的产品，这也正应了那句话“打铁还需自身硬”。他们认为，如果把时间和精力挪出来和竞争对手对抗，只会消耗大量的人力物力，对产品本身没有任何提高。所以，苹果总是将之前与现在的“自己”看作对手，逼着自己在更高的水平上做出更好的产品。

五、对应聘者“残忍”，痴迷和极大的热情是前提。

苹果要求招聘的员工必须首先是苹果产品的忠实粉丝，只有这样，他们才会积极主动、充满热情地投入工作。即使你有再高明的创意、再强的开发能力，如果不认同苹果的文化理念或者不熟悉苹果的产品，那么只能与苹果失之交臂。

乔布斯“残忍”的结果是什么呢？不是很多人认为的工作与生活的本末倒置，反而是两者的平衡。苹果公司一直坚定地认为，员工努力工作的目的是更好地享受自己的生活，他们可以得到优良的健康服务，慷慨的圣诞节和感恩节假期，以及优良的办公环境。

苹果公司的格言是：“努力工作，享受生活。”

创业者据此必须明白，当你在工作中异常“残忍”之时，在生活中就必须十分宽仁，这样你才能赢得手下的真心爱戴。否则，无论你为他们制定了一个多么富有雄心壮志的目标，都最终会被他们集体抛弃。

砍掉大部分业务，保持极致的专注

敢于残忍的最深刻含义是，企业要慎重地做加法，要善于做减法。加法就是所谓的“多元化”，而“减法”则是专注。前面我们讲到，一个企业在产品方面，要首先做好龙头产品，之后才能做“大”，但是这里的“大”，也不是没有限制地增加各种产品，而是要专注于一个领域。举个例子来说，你本来是做 IT 的，你在这个领域做得有声有色，但是后来又加入了食品、汽车、化妆品，这些副业看起来是壮大了企业的规模，但是从利润空间来看，它们并不能给企业带来效益，反而要拖企业的后腿。除了撑起一个华丽的外壳之外，内部仅剩无用的成本消耗。

这是很多企业面临的“打肿脸充胖子”的问题，特别是很多中小企业在安全地度过创业期后，就开始盲目发展，追求业务多元化，结果风险不断增长，最终导致企业亏损。多数有野心的创业者都难逃这个怪圈，尽管他们也会意识到不专注的风险，但就是控制不住自己的步伐。著名牙膏品牌两面针企业便经历过这样的困境。

鼎盛时期的两面针，产品销量高居国内同类产品首位，仅次于两大外资品牌佳洁士和高露洁。2004年，两面针牙膏销量达到了创纪录的5亿支。此时的两面针没有继续开发主打产品，巩固原有市场，反而转行进军房地产、金融等行业。卖牙膏的改行做房产商、金融商，结果可想而知，房产、金融搞得一塌糊涂，主营业务——牙膏又给耽搁了，销量直线下滑，公司经营举步维艰。

我们再来看曾经鼎盛一时的多媒体行业，那时候音响市场前景大好，像漫步者、轻骑兵、冲击波等一批中小型专业音响企业迅速发展起来，大有“逐鹿中原”之势。然而，随着多媒体的发展，很多新生的热点行业更具有诱惑，这时候，一些本来做音响的企业开始纷纷掉头，转向自己并不熟悉的电子设备、汽车领域，也有的人看好房地产，转而把手指伸向房地产行业。如此一来，确实实现了多元化经营，然而盲目的多元化，却很快使企业陷入困境。这时候才恍然大悟，追悔莫及。此时再试图回自己的主营行业为时已晚，向来争得你死我活的市场不会缺少佼佼者，市场不会等你回来再给你原来的空间。在他们追逐其他市场的时候，音响市场的格局已成定势。这个时候，企业要学会砍掉一部分业务，专注于更擅长的领域，才能在严酷的环境中保持强劲的竞争力。

所以我建议，中国的创业者在发展过程中一定要学会砍掉大部分业务，为自己的经营做减法，不要贪多，而是专注做自己最擅长的。在做出这个决定时，一定要果断，不能有丝毫侥幸心理。

耐克公司CEO的马克·帕克，在刚上任后不久与乔布斯有过这样一次沟通。他向乔布斯寻求企业发展的建议。

乔布斯告诉他："只有一条，耐克的一些产品是世界上最棒的，能激起人们的购买欲望。但是，耐克还有许多垃圾产品。我觉得你要做的就是砍掉那些没用的，把精力放在那些好的产品上。"

马克·帕克会意地答道："你说得很对，我们必须要去芜存精。"

帕克在这里所说的"去芜存精"，就是我们所说的"取其精华，去其糟粕"。只留下能赚钱的，那些不合适的必须砍掉。然而，挑选精华的过程就意味着有很多其他的产品被放弃，它们可能并不差，而且还是优秀的，所以，这个过程既是残忍的，却又是必需的，必须要保持高度的清醒和专注，才不至于后悔和失败。

乔布斯说："大家认为专注的意思就是将精力必须专注在一项事务上，这并不全面。它还意味着要拒绝数以百计的其他好创意，你必须进行小心谨慎的精挑细选。"

决策上的减法可以使企业和领导者的目光集中到重点产品上，有利于打造完美的产品和服务，这样的减法需要领导者的智慧。

坚持做减法的乔布斯砍掉了掌上电脑 Newton 业务，砍掉了网络社区的雏形——eWorld，砍掉了网络浏览器 Cyberdog 业务，还砍掉了要复制一个 palm pilot 的计划。正是由于这一系列的残忍砍掉，才有了苹果一个又一个发展的高峰。

可以这样说，乔布斯的专注和残忍是他能在 IT 业叱咤风云、苹果能作为全球顶尖品牌独占市场鳌头的一大助力。产品不多，但每个产品都具有领袖的力量，可以引领时代潮流。

这正是我们创业者必须学会的智慧，随需而变，精细化发展。当然，专业化并不意味着故步自封，一成不变。在消费者需求多元化、竞争激烈化的今天，单一类别产品和单调的技术，显然无法保持行业领先地位。企业需要随需应变，在核心优势的基础上不断丰富产品类别、完善产业链条，才能真正在未来的发展中立于不败之地。

第 四 章 嫁接艺术

CHAPTER FOUR

- 将多种学科和技术融合到一件产品上
- 任何产品都离不开美学包装
- 让企业领导者的“灵魂”无处不在

将多种学科和技术融合到一件产品上

创新是企业发展的动力，是企业不断进步的保证。什么是创新？创新并不仅仅是一切从头开始，一切都是新的。只要能在原来的基础上再成功赋予新的概念，也是创新。在原来的基础上赋予新的东西需要懂得嫁接的艺术，嫁接艺术的核心即是将多种学科和技术融合在一件产品上。

乔布斯经常说，苹果和其他所有计算机公司的最大区别在于，苹果一直设法将艺术与科学完美嫁接到产品上。

苹果公司研发 Macintosh 的初始团队成员拥有人类学、艺术、历史和诗歌等学科多种教育背景，这为成功打造出轰动一时的 Macintosh 电脑，起到了重要的作用。

第一代 Macintosh 电脑上呈现出的漂亮的字体，与具有文艺气息的乔布斯息息相关。

iMac 特立独行的工业设计也是让世人惊艳的。令人痴迷的邦代蓝和灰色塑料半透明的外壳，如果没有美学的基础，相信绝对无法办到。

iPad 抛弃符合拼写规范的“ipad”的写法，也是设计人员充分考虑美学的视觉效果决定的，这给了人一种耳目一新的感觉。

……

苹果产品无一不体现出多学科技术的融合与统一。

摩托罗拉原来在手机市场中称霸，手机企业没有一个能与之为敌，后来，作为后起之秀的诺基亚凭借技术的创新和行销上的开拓超越了摩托罗拉，两者在国际手机市场的竞争达到了白热化程度。此时如果一味地要求创新，试图利用技术创新来超越两大巨头，其难度可想而知。但苹果就做到了，究其原因，不外乎运用嫁接艺术，在原有的手机中不断赋予新概念和新文化，这是更具有优势的创新意识。

据说，在 iPhone 手机的研发接近尾声时，人们都以为大功即将告成，乔布斯却突然叫停，将其机身的正面重新设计为他想要的优雅耐用的金刚玻璃。这款金刚玻璃的研制集中了众多优秀的工程师，当所有人认为不可能的情况下，是乔布斯逼出了最终的成功。“乔布斯和苹果让我们更优秀。”研制金刚玻璃的负责人威克斯后来这样说道。

只有一个从小就喜欢发明创造的人，才会对于学习和嫁接创新拥有如此强烈的兴趣——直到自己人生的结束仍然乐此不疲。苹果公司对于嫁接和创新的结合，就源于乔布斯在自己很小的时候就开始的兴趣。

乔布斯在 12 岁时就已经在忙着研究频率计数器和窃听器这类的“小科技”了。当他创建了苹果公司之后，毫无悬念地把这种对于科技产品的嫁接精神带到了公司，并灌输给了自己的团队。

这就是乔布斯，他精通多种学科，率先在科技产品中植入了美学的因素，像对待艺术品一样研究苹果公司的产品，激励手下的设计师和合作商像艺术家一样进行发散型思考。他提出科技要和人文、艺术相融合，才能使每个人都为之歌唱。

就目前的社会环境来看，当代创新是多学科交叉、多领域融合的创新，是以人为本的创新，在传统产品上赋以人文、艺术元素，并使之天然融合为一体，它已成为新的时代潮流。

将多种学科和技术融合到一件产品上，绝不是一件简单的事情。要将多种学科和技术融合到一件产品上，就必须遵守一个基本原则：永远以用户体验为中心。什么是用户体验呢？从苹果公司的产品中我们可以总结出四点：

1. 硬件和软件必须紧密结合；

2. 功能必须简单易用；

3. 屏幕必须亲切友好；

4. 必须允许用户在免费体验后再决定是否购买。

这是“四个必须”，苹果公司严格地遵守了这四项原则，将多种他们认为用户喜欢的技术或者视觉效果嫁接于自己的产品上，从而铸造了一款又一款神奇的产品。

我们从中领略了乔布斯的将多种学科和技术融合到一件产品上的嫁接艺术，那么作为一个创业者来说，要培养自己的创新精神，就必须在创业的过程中不断地总结和突破自我。只有以用户体验为中心，去打造那些可以便捷操作的产品，才能使用户获得美妙的体验，他们才能建立对你的产品的忠诚。

反观现在其他很多公司生产销售的同类产品，你能记住它们有什么重要的区别吗？几乎没有。多数同类产品不论外观还是性能都相互重复，精品很少，能给消费者留下深刻印象和引起人们疯狂追捧的经典产品更是少之又少。它们的设计师只想尽快把产品推向市场，占据销售的先发位置，能卖多少是多少，从来不会考虑融合多学科技术与艺术观赏价值的问题。自然，他们的产品不会像苹果那样让人爱不释手。

我们希望中国的“乔布斯”会很快出现，也希望国内能涌现出越来越多的追求创造和科技完美融合的创业者。不过，现实情况远不能让我们乐观，中国的很多企业多数都是“拿来主义”，完全是复制拷贝，极度缺少创新意识。其实创新并不难，如果大家都学会了乔布斯的嫁接艺术，那么也能成功地将多种学科和技术融合在一件产品上。到那时，说不定你就会是下一个乔布斯！

任何产品都离不开美学包装

产品，离不开包装。在对产品进行包装时，需要有好的创意。因为有了好的包装，一件产品才有可能在市场上畅销，否则就算它的质量再好，“酒香”但是“巷子深”，没人能够“闻见”。

在这里，我要告诉你什么呢？“嫁接”不只是指给产品以多学科的融合，还包括向美学借鉴，把我们的产品包装得更好看一些，更时尚一些，更深入人心一些。这是企业运作中的一张重要的“王牌”。同一件产品，不同的包装，往往可以决定它们不同的命运，甚至可以改变产品的本身价值。所以不管是国际市场，还是国内市场，产品的包装已经越来越受到重视，它甚至会被企业放在与产品的内在质量同等重要的地位。从消费者群体看，包装也已经在深深地影响着产品在人们心目中的形象，成为了品牌物质文化的一种十分重要的标志。具体说起来，包装设计对于产品可以起到什么作用呢？

第一，视觉的吸引。

根据调查显示，在大型商场中，普通购物者平均每分钟可以浏览 300 件商品。这是一个惊人的数据，购物者的眼睛在这些产品身上花费的时间实在太少了。而包装的价值就在于它起到了做几秒钟电视广告的作用。当购物者在琳琅满目的商品架前匆匆走过时，优秀的包装对于吸引他们的视觉关注就能起到十分关键的作用。即便他们没有购买，也可能会给人留下深刻的印象。这本身就是一种品牌传播，而且是通过视觉的形式来培养潜在客户。

第二，重要的推销手段。

只有上等的质量，产品还不足以推销出去。良好的包装可以第一时间把产品价值展现给消费者，为他们创造一种简易可见的“兴趣环境”。这就是包装的促销价值。一个好的包装可以瞬间抓住消费者的眼球，让他成为经销商默默无闻的“推销员”。

根据美国消费者协会的统计显示，在过去的 10 年中，在美国排名前 20 的超市中最畅销的那些商品，在包装方面恰恰也是最优良和最吸引人的，而那些包装差强人意的商品，即便它们的质量很好，销量也无法与这些排名靠前的以包装取胜的产品相比拟。

比如，美国的乐高玩具公司就曾经利用包装进行了一次促销活动，结果大获成功！乐高公司为自己的产品——兔子玩具设计了一个有着透明窗口的兔子形状的包装盒，然后推向市场。结果销量比之前只用普通包装纸包装的产品高出很多，当时几乎每个小女孩都渴望拥有这样一个具有如此标新立异包装的“乐高兔”。

第三，传达产品的文化内涵。

一种完美的包装，可以将产品自身所代表的文化内涵传达出来，并且提升它的审美境界。通俗地讲，包装是一种文化，也是企业传达自身价值观的好机会。

20世纪70年代，美国有一家牛仔裤厂商推出了一幅久被人们记住的海报：一位身材火辣的女孩赤裸着臀部，上面饰有牛仔裤口袋的线，红色的商标鲜明地放在口袋的左上方。这张海报没有一句广告词，干净极了，但它所表现出来的文化创意却能让人了然于心，那就是穿上这个品牌的牛仔裤，可以充分展示女性的妖娆身材。这比让模特穿上牛仔裤呈现更具有说服力，也更传神，更能传达这款牛仔裤的文化内涵。

包装不仅仅是一个漂亮的外观而已，它是一种战略。有人这样定位它，“包装造成幻想，幻想左右销售”。

那么，具体怎么来包装，才能让消费者产生兴趣，才能让产品提升销量呢？还是得利用嫁接艺术，将“美学”元素加进来。

在产品包装的设计中，通常要考虑材料、结构、造型、色彩和图案等美学要素。也正是通过对这些美学要素的巧妙构思、科学利用，才使得包装同时具备了功能价值和审美价值，使消费者从中感受到品牌的个性和其中的文化意蕴。

可以说，所有优秀的产品包装都离不开美学的支撑。在包装领域，美学是最重要的依据和出发点。假如失去了美学的支撑，那么包装也就没有了审美功能，也就无法去帮助产品塑造品牌和建立持久的影响力。归根结底，“美”是产品包装的必然选择与最终的归宿。

苹果在包装设计方面具有强大的美学渲染力。乔布斯不管对于产品还是包装都推崇极简美学，他要求苹果产品的包装能够给人不一样的感觉，能让用户在第一时间以最快的速度关注到它，并在嘴上或者在心里有这样的表达:“哦，就是它了，我要购买！”

乔布斯希望消费者把打开这个包装的过程当作一种庄严而又美妙的仪式，使产品由此更能吸引人。

在苹果的这些时光，乔布斯为他的每一款心爱的产品进行精心的“拆包”设计，为的就是让用户在还未见识产品之前就有一种耳目一新的感觉。

比如 iMac，其塑料嵌插的特殊设计让人很有新奇感，薄薄的使用手册，更让人有一种简单易操作的感觉。一个包装就让人对产品有了无限的期待。而当用户看到苹果手机的包装盒上配备的很有质感的上盖以及精致的塑料小托盘时，第一眼就清楚地知道这里面装着的产品绝不会让人失望。

这就是苹果用户从产品中享受到的苹果的包装美学，也是苹果追求的效果:“当我打开精致的盒子时，我发现一件产品以最迷人的方式躺在里面。”

据说，为了打造完美的产品包装，苹果公司内部设有密封的包装设计室，专门用来研究产品的包装，分析研究并提升顾客打开新产品的感受。在这间屋子里，经常会有员工需要每天花上六七个小时、连续几个月都待在这里面，并且只做一件事：一次次打开内装有原型机的盒子，然后总结自己的感受，不断完善拆封的设计，直到他认为这一过程能使用户体会到艺术的美感，能给他们以视觉触觉的全方位冲击。

《财富》杂志的编辑亚当·拉辛斯基对此深有感触："苹果对微不足道的一个盒子，重视如产品的核心零件，这是要让顾客感到生产商重视他们，从而跟苹果产生联系，提升产品价值。"可以说，苹果的成功，与产品包装的美学效果不无关系。颇具美感的包装，为产品本身提升了很多的附加值。

苹果公司的一位设计师说过这样一句很有意思的话，他说："好的包装就像一座剧场，它能够制造故事。"

没错，如果你的产品在包装方面也能制造故事，那么恭喜你，你其实已经迈向了成功最关键的一步，那就是通过展示一种美学或者哲学的方式来销售你的产品。

假如，我们中国的中小企业能在产品包装设计上像乔布斯那样找到技术与艺术的完美结合，又不断地考虑消费者心理，而且充满创新意识，那么企业的前途一定是光明的。

让企业领导者的“灵魂”无处不在

要让嫁接艺术在自己的企业生根发芽，最重要的，是把领导者的个人魅力渗透到企业的每一个细枝末节。就像乔布斯和他的苹果帝国一样。

乔布斯的精神在苹果无处不在。苹果公司的员工没有不知道乔布斯的原则，没有不习惯他的思维方式的。即便是苹果公司收购的公司，其融入速度也非常迅速，在很短的时间内，乔布斯的思想就能传达到各个部门、各个员工。

在苹果公司，即使没有见过乔布斯的人，每个员工在工作的时候，仍会想到乔布斯在主导他们的工作。哪怕是相对不那么重要的项目，整个团队仍需要每个季度都提交演示，大家都以乔布斯可能的要求来要求自己。乔布斯精神使得每个员工都无条件地听从安排、为公司的大局尽心地工作。比如在 2007 年 iPhone 发布之前，整个苹果公司的资源都被调动起来，有些部门的项目甚至被延期，推进 iPhone 的工作就好像全员出动的战争。工程师使用残酷的军事术语来描述开发的不同阶段，发布前的最后阶段被称为——死亡行军。苹果公司在乔布斯精神的号召下，把最好的力量都调动到这一项目来，真可谓“众志成城”，所以我们也就不难理解 iPhone 一经面世就能引起不小的轰动了。

并不是每一个管理者都有能力命令他手下那些最好的员工即便在节假日也要来加班的——更多的时候是员工的抱怨和向劳动部门的投诉——就算来了也会阴奉阳违，出工不出力，但乔布斯却有着这样的强大的号召力，苹果公司的每一个员工都非常崇拜乔布斯，他们愿意付出工作时间外的每一份劳动，以渴望得到乔布斯的认同和赞许。

与苹果公司有过合作的一家公司的高级副总裁曾说："乔布斯的话就是苹果的声音，这是非常明显的一点，毫无疑问。在我们进行谈判时，我以为苹果公司有什么高明的谈判策略，但是他们的员工并没有，而是不断地向我表示他们要去请示史蒂夫，或者跟他核实一下，甚至有的人会坚持邀请乔布斯的参与，否则他无法做出最终的判断和选择。虽然并不是每一个重要的步骤都向乔布斯汇报，但他却会给出自己的意见，然后定下讨论的基调，以引导讨论和最终形成的方案是他真正想要的。"

一位已经离职的苹果公司前职员说："在苹果，你想搞定一些事情最好的方式不是去挨个说服，而是发一封邮件，在标题里面注明这件事是史蒂夫所要求的。"他补充说，"如果你看到了这样的字样，那么不管你是谁，肯定会立刻集中注意力。"所以，乔布斯在苹果公司无处不在，他的灵魂早已经与这家公司融为一体，也成为了每一名员工的守护神。因此，他的思想能很快传达给每个工作人员，效率会很高。乔布斯的思想引导着大家共同朝着一个共同的方向前进。

苹果公司简单的组织结构也使得乔布斯的"旨意"得以快速高效地影响给全体员工。苹果公司扁平化的组织结构，使得公司内部没有太多的层级，即使最底层的员工，与上层也只有 5 到 6 个层级，这使他们天然多了一种主人翁意识。员工们没日没夜地工作，因为他们相信无论现在忙的项目是不是史蒂夫时刻关注着的，最终也都会被看到，会得到回应与认可。

总而言之，将领导魅力成功嫁接到企业管理思想中去的好处就是让公司领导的思想能传达到每一个员工，上下沟通流畅，极大避免了部门之间的官僚主义，最大限度地提高了工作效率。创业者必须有一个权威且高效的管理方式，让企业让员工以你为核心，将自己的“灵魂”渗入到企业。

第五章 极简主义

CHAPTER FIVE

- 最简单的模式就是最好的
- 不断降低产品操作的复杂性
- 实现简单的五项原则

最简单的模式就是最好的

管理学中有一个著名的奥卡姆剃刀定律：如无必要，勿增实体。就是说空洞抽象的东西都是无用的，没有必要保留，应该坚决剔除，只保存必要的东西。用现在的话说就是极简主义，即最简单的就是最好的。

极简主义是乔布斯最为推崇的组织管理和产品设计模式。他说："我无法记住超过 100 个以上的员工的名字，我只想与自己认得的人共事。因此如果超过了 100 个人，它将变成完全不同的组织形式，我就无法称心如意地工作了。我喜欢的工作方式是我可以关照到方方面面。"乔布斯对大型组织很看不上眼，某些超大型的组织，在乔布斯眼里只是笨蛋的代名词。

这一点，乔布斯表现得和传统管理模式很不一样。

传统生产管理模式是分工协作、科学管理、标准化生产，这个理论是由著名管理学家弗雷德里克·泰勒提出的，后来经福特的实践推广开来。弗雷德里克·泰勒认为，工人的工作可以被拆解成若干个标准步骤，这些标准步骤对工人素质要求不高，只需要他们不断重复即可。这样一来，大大提高了工人的工作质量和效率。20 世纪初期，亨利·福特又将流水线引进到科学管理中来，对后世产生了重要影响。流水线的标准化生产使福特公司一跃成为国际化大企业。

但随着时间的发展，特别是随着高新技术的兴起，以及互联网的广泛传播，这种简单有效却极端乏味的经营管理模式日益显露出弊端。

首先，分工协作导致生产流程繁复，一件产品有时竟经过上百上千道工序才能完工。生产性的企业问题还不严重，但如果是服务型企业，繁复的程序必然导致服务效率和质量的下降。比如一家保险理赔企业，从受理索赔到客户拿到赔偿要上百道程序，怎么能赢得消费者呢？另外，分工过细导致工作过于简单重复，扼杀了员工的创造性与积极性。

第二，分工协作的流水线作业方式将导致大家各自为政，没有全局观、大局观，整个生产流程得不到有效管控。在顾客至上的今天，如果企业的产品不能有效服务于客户，那么企业就不能在竞争中获胜。如果企业的产品是面向客户的，那么，为客户服务的意识就要贯穿于整个生产流程中，而一个各自为政的流水线生产又怎能做到这一点呢？

许多以职能分工的公司更容易出现这样的问题，虽然都嘴上说“顾客就是上帝”，但具体到产品上，又都把这项工作看成是销售人员的事，采购部、财务部、人事部是“事不关己高高挂起”的心态，无形中加大了企业内部协调的难度和成本。

以福特公司为例，为了协调各方面的问题，福特公司陆续引入多个部门，公司组织迅速膨胀起来，仅一个处理应收账款的部门就有好几百人。复杂化的结果导致官僚作风严重，办事效率大大降低。复杂代表没有效率，如果一个企业准则繁复、程序复杂，那么离危机就不远了。

现代企业竞争的发展方向，已经不单单是以前的大吃小，强吃弱，而是快吃慢。谁跑得快，谁就能抢占先机。简单意味着快速反应，复杂则意味着迟钝落后。

对于某些创业期的朋友来说，本来创业的势头挺好，虽然只有七八个人，十来条枪，但公司虎虎有生气。可当企业发展到一定阶段的时候，反而会遭遇人员流失、产品滞销、业绩下滑的问题。为什么呢？其主要原因就是把本来简单的组织搞复杂了。

创业伊始，百废待兴，自然是一切就简，但一切就简并不代表工作效率不高。当企业有了一定的发展，有了一定的名声之后，各种可有可无的部门就有了，部门中可有可无的人员也多了，本来一道工序可以完成的事情就切割成了两道工序，本来一个人可以完成的工作分给了两个人。组织瞬间复杂起来，直接结果就是沟通不畅、人浮于事。这就是我们常说的官僚主义。官僚主义是创业者尤其要注意避免的问题，创业者要时刻警醒，并对企业进行必要的流程再造，以期打造扁平式的管理模式，就像乔布斯和他的苹果所做的那样。乔布斯说："组织可以变强，但不能变大，设计团队更不能变大。"

扁平管理首先是层级少，从领导者到基层技术人员，只有很少的几个层级，简单、清晰，沟通起来自然便捷有效率。扁平管理要求企业删减那些没用的部门，并将组织的各个职能集中起来，比如苹果有 Macintosh 团队，也有 iPhone 团队，但这些团队不是固定的，产品研发出来，部门也到此结束，改换其他项目。苹果只是将销售、管理、法律等几个必要的部门集中起来，统一协调工作，极大地简化了组织结构。就连苹果最重要的生产制造环节，也大部分外包到中韩东南亚一带工厂。

正如一位哲学家所言："如果你背负过多的东西，那么你将很难前行。"

不管你是一个正准备创业的新手，还是已经在创业路上打拼多年的“老兵”，从现在起，检视自己，删减掉那些没用的东西，使自己始终轻装前进吧。

不断降低产品操作的复杂性

在产品领域，操作复杂往往代表着产品的落后，在成功的形而上层面，复杂的成功公式也远没有简单的理念产生的力量强大。成功和效率、简单这两个概念密不可分。善于化繁为简的创业者往往能出奇制胜、快速制胜，而将简单的事情复杂化的人永远与成功无缘。

1999 年，易趣网被《时代周刊》评选为科技头奖的拍卖网。公司总裁兼首席执行官梅格·惠特曼在采访中说，易趣网之所以会受到网友的疯狂追捧，受到用户的青睐，有一个很重要的理由，就是简单。易趣网交易简单、操作方便的特性是其制胜的秘诀。梅格·惠特曼指出，现代企业在面对问题的时候，一定要学会抽丝剥茧，把复杂的问题简单化。

“简单”也是乔布斯和他的苹果帝国成功的重要基石。对此乔布斯说道：“苹果的核心优势就是知道如何让复杂的高科技为普通大众所理解，随着科技日趋复杂，这一点已经变得越来越重要。”而做到这一点，苹果靠的就是呈现给受众简单的产品。

一直以“简单” 作为产品准则之一的乔布斯只用了 7 个字就概括出了

iPod 的操作："将它接入。嗯，搞定。"

对于消费者来说，简单化容易得到认可。不论工作还是娱乐，人们都喜欢简单，就像电脑和手机，人们都有一个普遍心理："最好我只用一个动作甚至不用思考就能操作它。"因为谁也没有时间和精力去研究一个复杂的操作方法。所以，乔布斯要求设计人员在设计产品时就充分考虑到这一层，他说，如果某种产品的一个功能需要超过三次按键才能实现的话，那它就是个蹩脚的产品。反观其他许多产品，仅用户手册就像一本书那样厚，并且充满了专业语言，晦涩难懂。

乔布斯在开发 Macintosh 的时候，把用户使用目标定为小朋友。他们没有电子产品的学习和使用经历，也没有学习过系统的计算机知识。如果他们都能搞得定苹果产品，那这个产品一定是符合乔布斯的"简单"法则的。

可以说，简单易用是苹果成功的第一秘诀。不管是苹果的哪一款产品，只要启动设备，剩下的操作就一目了然，iPhone、iPad，还有 Mac 都是如此。

国内最先接触电脑的一代人或许还记得，在最初的奔腾系列中，如果你不是专业出身，你就不敢说自己会用电脑，满屏幕除了 Dos 命令，还是 Dos 命令，毫无趣味和简单可言。

当年的乔布斯也面临着同样的问题，怎样简化电脑的操作，是他考虑的重中之重。一个偶然的机会，乔布斯在施乐公司接触到图形界面操作系统，用户不用输入复杂的命令，而只需要一个简单的指针就可以完成电脑大部分程序。乔布斯突然意识到：这才是个人电脑的未来。如果把这种系统移植到电脑上，那是不是极大地方便了普通用户的操作呢？

经过几年的不懈努力，1983 年，苹果推出第一代个人电脑 Lisa。这台售价高达万元美金的个人电脑第一次配备了键盘和鼠标，一时间震撼了世界。第二年，苹果顺势推出第二代个人电脑，第二代 Mac 机售价相对便宜，操作更简单，成为当年全美最畅销的电子产品。

产品简单的操作使苹果公司一跃而起，成为美国 80 年代发展最快的电子企业。

借助个人电脑的成功，乔布斯又把简单操作的魅力带到了唱片业。20 世纪初期的美国，人们听一首好听的音乐还需要去商店购买不便宜的 CD 唱片，或者在一些音乐共享网站上下载盗版音乐来听。相比正版音乐而言，盗版的品质当然不尽如人意，但盗版操作起来更方便（当然不道德），所以正版生意并不景气，唱片业一片惨淡。有没有一种既保护版权，又操作简单的方式呢？有，此时此刻，乔布斯再度出现，跟他一起出现的还有苹果的 iTunes。

iTunes 的出现极大地改变了整个音乐界，人们再也不用忍受盗版的恶劣品质和昂贵正版的复杂操作了。现在只需要登录 iTunes 音乐商店，花上不到一美元，轻点鼠标，一首好听的正版音乐就下载到了个人电脑上。用户高兴，唱片公司高兴，歌手高兴，苹果和乔布斯更高兴。据统计，不到一年的时间，iTunes 音乐商店就为索尼公司、华纳兄弟娱乐公司、环球音乐公司、百代唱片公司和 BMG 唱片公司等五大唱片公司销售出了 8500 万首音乐作品，占互联网音乐销售额的七成以上。通过对简单化操作的理解与运用，乔布斯又一次占据了市场前沿。

苹果公司再接再厉，在接下来的 10 月份，乔布斯就发布了苹果的第一款音乐播放器 iPod。第一代 iPod 只需要一个指头就能完成所有操作，可谓简单至极，再加上它兼用 Mac 操作系统上的 iTunes 进行管理，一上市就被抢购一空，成为苹果公司打造的又一个神话。

说起苹果的简单化成功，最值得提起的还是苹果公司划时代的产品 iPhone。iPhone 充分考虑到了现代人们的生活方式，把 GPS、电脑、MP3 等元素充分结合在了一起，创造了无与伦比的移动生活方式。

它未上市之前，你肯定没有想到，这个有史以来功能最多的智能手机，只有一个按键。

iPhone 的简单操作还体现在它的后续服务上。比如，苹果公司专门为包括 iPhone 在内的多款产品提供的 App Store 服务。App Store 是一个在移动软件历史上具有里程碑意义的软件应用商店平台。在这里，软件开发者可以将自己的产品提供给广大用户，收入由开发者与苹果公司按比例分成。对于 iPhone 用户来说，只需要在手机上简单地操作一下，就能在 App Store 购买到所需要的软件，简捷又方便。App Store 应用在 iPhone 上，不但没有显得缀余，反而进一步验证了 iPhone 的简洁性，为手机增色不少。

“把一切烦琐归于简单”，这件事情说起来容易，实现起来却困难至极。因为简单意味着直接，意味着一种功能不能由多个按键多个步骤才能完成，它要求任何一个按键都要直接达到一个甚至多个功能，并一步到位实现关键操作，这对产品的开发过程来说，是一项无比艰巨的任务，而设计人员在背后付出的心血可想而知。

为了实现简单，让客户可以轻而易举地做到娱乐化的简单操作，乔布斯提出过两个基本的方向。

第一，坚决杜绝多余的操作。

使用苹果产品的消费者都知道，苹果的按键已经精简得不能再精简了，通体无多余操作。要做到这一步，设计人员就必须穷尽心思，省略一切能够节余的步骤，把尽可能多的程式压缩在最小的空间内，帮助用户以最快的速度实现最复杂的要求。

第二，针对特殊人群制定更高要求的简单操作标准。

苹果在针对特定人群推出的特制产品上，往往会推行一种更高要求的简单操作标准。因为面对的用户如果在某一方面存在生理缺陷的话，操作复杂，很难让消费者用得舒心。

比如说，苹果设计了一款供失聪和失明的孩子在电脑上使用的布莱叶镜，还设计研发了可以用手势控制的屏幕，其他诸如屏幕放大、解说屏幕和盲人触屏等等技术更不胜枚举。它们无一例外地都具有简单的操作，这使具有生理缺陷的人也可以方便地使用苹果的产品，进行正常的工作生活。对于设计师来讲，这无疑是一项严苛的要求，但能给需要被特殊关切的人群以简单化的产品和服务，是一件非常值得称道的事情，不管是出于企业的人性化经营，还是基于企业形象树立的考虑。

史蒂夫·旺达是美国著名的黑人歌手，也是一个盲人，他对苹果公司这种关爱伤残人士的做法深表赞赏。

在乔布斯患病期间，他曾经公开录制视频说："我需要你们所有人给予那位正在与病魔斗争的人一些帮助……他的公司让他的技术造福了每一个人。他就是关心和推动世界发展的史蒂夫·乔布斯。因为在 iPhone 和 iPad 上没有什么是你和我所不能做的，即使你是一个像我一样的盲人，依然阻止不了我们相互说话。我可以看着你们，你们也可以看到我，我还可以做所有我想要做的事情。"

从这一点我们更能够得知，为什么乔布斯和苹果的魅力能够达到让人为之疯狂的程度，因为从任何一个角度和细节，他的产品都体现了关注人性的一面。苹果在使那些烦琐的功能简易化的过程中，也让我们的生活变得更加有趣便捷。

然而我们也深深地知道，对于创业者来说，要模仿苹果公司的这种“简单”也是十分困难的，它需要我们付出十倍于过去的努力，并且彻底改变那些平庸和不适用的思维方式。我们必须能够在任何一个环节做到“一步到位”，省略一切不必要的程序，并且展现出一种强大的概括和归拢能力。这意味着，在过去我们用五步做完的事情，在今天我们必须一步完成。

如果你信仰极简主义并有志于在自己的事业中实践并实现它，现在我们可以问自己了：“我做好准备了吗？”

实现简单的五项原则

苹果的简约风格深受消费者喜欢，那么作为推动产品简约风格的乔布斯是如何化繁为简的呢？这得益他的五项原则：

第一，始终以消费者为导向。

乔布斯说，最重要的事情不是把某些东西加到产品上去，而是把某些东西从产品上删减下来。为什么要删减？因为顾客不需要。许多厂商会忽略这一点，他们在设计自己的产品时，恨不得把所有东西都加进去，似乎这个平台装的东西越多越好，觉得这样才是消费者最需要的。结果技术是提升了，但是消费者用着极不方便，甚至产生畏惧心理，他们会远远地走开。虽然产品的功能很强大，但用户一点也不买账。

据荷兰埃因霍温科技大学的一份研究表明，每个消费者在挑选电子产品时，平均要花 20 来分钟来摆弄它。在这段时间内，如果消费者不能弄明白产品的功能和使用方法，就会选择放弃。所以，很多看似技术先进、功能强大的电子产品都被市场淘汰掉，而苹果的产品却一枝独秀。

苹果最早期的 iPod，是没有广播和录音功能的，虽然它的硬件基础完全满足广播和录音的功能，不过乔布斯压根就没想到把它们添加进去，因为他不想把 iPod 搞得复杂化。他认为："简单化才能造就与众不同的产品，真正与众不同、令人兴奋的产品都是极端简单的产品。"

市场上几乎每个新品牌都宣称自己是以消费者为中心的，但他们很少知道消费者真正需要什么，他们只是一味低着头搞所谓的技术创新，把许多消费者其实本不需要的功能硬加进去，搞得产品复杂至极，使消费者望而却步。

反观乔布斯的做法，他会自己首先试用这些新产品，如果自己都不满意产品的简捷度，觉得产品用起来太烦琐，他就会向技术人员指出哪些地方需要删减，哪些地方需要改进。对此，他要求自己也要求技术人员有这样的思维："我首先是一个用户，其次才是一个技术人员。如果连我都不满意，用户自然更不用说了。"

由于一切以消费者为核心的设计原则，苹果在设计操作系统的界面时也充分考虑了消费者的因素。苹果系统是一个全新的系统，所以乔布斯要求设计人员在设计界面时要充分认识到这一点，但也务必能让消费者在最短的时间内熟练地操作。

所以我们会看到，苹果系统的界面没有多余的元素，所有的设置都集合到了一个功能菜单里，并建立了新型导航工具栏，即使从没有接触过苹果系统的用户也能很熟练地调用常用程序。

在产品设计过程中，乔布斯经常会将设计师千辛万苦设计好的多窗口模式给删减掉，他认为繁复多层的窗口不符合消费者的操作习惯，简单的单窗口模式才是用户需要的。

事实证明，乔布斯是一个很挑剔的“用户”，而这一点也确实让他牢牢地抓住了消费者的心。

第二，借鉴他人的创意。

乔布斯说：“伟大创意的灵感来自于伟大作品，一流的设计师应该师从于此，从中吸取营养。”

细心的读者也许会发现，苹果的很多创意产品其实一开始并不是自己提出来的，而是从竞争对手那里学来的。比如 iPod，它被认为是最成功的 MP3 播放器，但这种产品的创意在苹果之前早已出现，并且市场上的同类产品就有很多，苹果只不过化繁为简，合理地迎合了消费者需要而已，而且省略了许多不必要的时间。在借鉴和学习这方面，苹果公司可谓是青出于蓝而胜于蓝。

第三，成为一名魔鬼老板，逼迫员工创造性化繁为简。

苹果公司的内部流传着很多关于乔布斯的外号，“地狱来的老板”即是其中之一。因为乔布斯无法忍受下属不够努力，不够创新。乔布斯聘请优秀人才、解雇笨蛋员工是随时随地都在做的，苹果公司的员工甚至都害怕在电梯里碰见乔布斯，因为乔布斯随时都会问一些问题，如果员工不能给出合乎他期待的聪明的见解，从电梯里出来之后，这名员工很可能就要直接回家了。

在这样的压力下，苹果公司的员工“被迫”极具创造性。我们可以想象，一个每天只想着讨好上司的员工和一个挖空心思做创意的员工比起来，哪个更能创造价值呢？在这种氛围和文化环境中，苹果的员工几乎每分钟都在激发自己大脑的潜能，他们用一切力量在简单化上大做文章，寻求更直接便捷的方式，让产品的某一方面使用起来更加简捷高效。

第四，从生活着眼，立足实际求简约。

用户在操作产品的时候，很难接受一个全新的陌生的概念，如果让他以一种熟悉的切入点开始接触你的产品，那么产品的被认可度就会很高。

在一次设计窗口系统的内部交流会上，设计师们面对三个并排的按钮动起了心思，这三个按钮分别是关闭、缩小和放大窗口。一开始这三个按钮都被设计成了同一种颜色，虽然设计的意图是避免扰乱消费者的眼神，但是缺陷也摆在眼前，这将导致消费者不能一眼就看明白按钮的意义，不符合简单化的设计理念。

有人提议加动画说明，有人提议加提示，乔布斯都不太满意。这时有人提议说，为何不设计成红黄绿三色呢？借助红绿灯的概念，用户一看便知。乔布斯大为赞同，于是，苹果的窗口系统就成了今天这个样子。

第五，以身作则，生活简单，工作简单。

对创业来说，尤其是一家成长型公司，领导者的带动作用十分明显。

如果你自己不能以身作则，去体现由你创造的工作理念，那么你的手下也会“有样学样”，你又怎能灌输给他们你的价值观呢?

乔布斯对生活的认识如同对产品的要求一样，就是追求简单化，他崇尚素食，生活朴素，注重修身养性。

熟悉乔布斯的人都知道，他是一个“最简单化主义者”。虽然有人批评他在工作中过于简单化，乔布斯却不以为然，他对自己的行为有着更清晰而深刻的解释，他说：“我有这样一句魔咒——简单与专注。简单之所以比复杂更难，是因为你必须努力清空大脑，让它变得简单……你一旦进入那种境界，便足以撼动大山。”

不管外界如何质疑和批评，乔布斯始终只做自己认为正确的事。1997年，苹果公司面临倒闭的危险，乔布斯临危受命重返苹果，力主精简机构，大力删减亏损项目，降低运营成本，将全部人力物力投入到两三个项目中去，从而成功挽救了苹果。这是乔布斯简化主义最伟大的胜利，也是对那些批评声音的最有力的驳斥。

从某种程度上讲，正是由于乔布斯将简单化的基因植入到了苹果公司和苹果产品之中，并始终坚持自己的原则，苹果产品才引起了广大消费者的共鸣，创造了无与伦比的用户体验，也创造了苹果公司无与伦比的成功。对我们来说，这都是可以参考学习的创业智慧，它既是一种美妙的直线思维，同时也是伟大的成功者用自身经历为我们验证的经验之谈。

第 六 章

人才第一

CHAPTER SIX

- 组建一流的人才团队
- 只选最合适的，不选最优秀的
- 骨干需要自己去培养
- 聘用一名好的营销主管
- 你需要一名志同道合的搭档
- 保持核心员工的稳定，避免人才流失

组建一流的人才团队

不管是企业建立之初，还是发展壮大的过程中，人才都可以说是重要因素中的重中之重。我们可以对此打个比方：如果修长城，人才就是基石；如果建大厦，人才就是栋梁；如果创业，人才就是成功的保证。如果企业要有所发展，要做大做强，必须要重视人才。可以这么说，人才的选择关系到企业的生死存亡。

用一句话总结就是：没有足够的人才相助，再伟大的天才也不可能创业成功！

乔布斯曾经说："我过去常常认为一位出色的人才可顶两名平庸的员工，现在我认为能顶 50 名。所以我把大约四分之一的时间用于招募人才。"

苹果公司在这十几年的发展历程中，业绩辉煌，通过不停的产品创新，在业界创立了一个又一个里程碑，成为全世界企业关注和学习的对象。为什么苹果能创造如此的神话？我想除了乔布斯个人的天才领导能力之外，最重要的一点，就是乔布斯有一个强大的团队在支撑着苹果公司高效、精确地运转。苹果产品的强大只是外延，而核心团队的强大才是苹果的内涵。

仔细观察苹果的设计团队，我们会发现一个有趣的现象：有些人不断地离开，但始终有一些人留了下来，而且一待就是十几年。这些人才是苹果公司的核心团队，是乔布斯精心挑选的顶尖人才。这些一流人才永远不会离开，他们成为苹果的灵魂，也构成了产品的核心价值，主宰了这家优秀公司的命运。

那么，乔布斯是怎样选择人才、组建团队的呢？

第一，也是最重要的一点，必须选择认同苹果公司文化的人。

“如果要招一个真正的资深人士，那么怎样判断此人能否胜任？我敢肯定这就像是在赌博。但是有一点是必须遵守的，基本准则就是他要认同苹果的公司文化。如果他认同苹果公司，那么其他事情就会迎刃而解。他们会把苹果的利益摆在第一位，而不是首先关注个人利益、史蒂夫的利益或者其他某一个人的利益。”这是乔布斯在接受《财富》杂志的采访时说的一段话。

为了找到适合苹果“血统”的应聘者，乔布斯面试的第一个问题经常是：“你为什么来这里？”如果是为了钱，或者是为了权力，那对不起，请您离开，乔布斯需要的是认同并欣赏苹果公司文化并具有激情及使命感的员工。

很多企业在招聘时也很注重这个原则。有一家公司在华南地区面试 30 名想去实习的大学生，招聘经理问他们：“你为什么想进我的公司实习，而不是选择那些大企业？”这是一个相当简单的问题，99% 的企业在面试时都会把它当作一个必备的问题。怎么回答，是招聘者关注的，也是面试者能否被留下的关键因素之一。

在这 30 名学生中，这家企业最后只录用了两个人。这两个人说的是：

“我通过了解，喜欢这里的氛围，希望在这样的公司工作。”他们向企业展示出一种长期奉献的诚意，以及对于公司价值观的认可，虽然以后他们在那里工作的时间和热忱可能并非像现在说的这么美好，但这足以打动招聘者的心，能让招聘者对其抱有期待。另外28名学生呢？他们的回答都是千篇一律，也是大部分实习生都会选择的说法：“我希望在这里能为自己积累一定的经验。”

言下之意他们没有说，也不会说，但每一家企业的面试官都能听出来：“我只是来刷经验的，公司文化是什么样的对我来说是无所谓的，因为我有了经验就会离开。”

这样的人才你会要吗？当然不会。对于创业型公司来说，如果招到了许多这样的员工，可以称得上是一场灾难。创业者在招聘手下时，切记这个原则：不爱公司、不爱这项事业的人，不管他的能力有多强，都不能招进来，必须第一时间把他们关在门外。

第二，考察一流人才的性格特点，然后量才而用。

为了确保Macintosh电脑计划小组成员都是出类拔萃、符合标准的，乔布斯在为Macintosh电脑计划配备员工时费尽心血。

在面试新员工时，乔布斯提出的问题通常是：“你是在什么时候丧失的童贞？”瞧，这是一个让人愤怒的问题。但他就是要借此看看应聘者在被问到这样的问题时会怎样反应，其实他并不在乎应聘者的答案是什么，他看重的是应聘者是否具有超常规的思维，是否能给出一个近乎疯狂的创意——Macintosh电脑计划小组需要真正能打破常规的设计人员。

第三，对面试者施加压力。

施加压力是乔布斯在面试过程中屡次使用的技巧。乔布斯会事先了解面试者的基本情况，在面试的时候，他会针对这些信息故意提一些极具刁难性质的问题，比如说："你以前的工作成绩真是糟糕啊！"或者说："你竟然选择那样的公司，我不明白你怎么能忍受那么长时间而没有辞职。"乔布斯绝不是为了批评而批评，他想看看应聘者是什么表现：据理力争还是低头默认。

曾经有一次，乔布斯面试一个非常有经验的人事经理，该人事经理曾在著名媒体《太阳报》任职高级人力资源经理。乔布斯毫不客气地说："《太阳报》是不错，但它的员工不适合苹果公司，你在那里的工作经历并不能证明你可以胜任这里的工作。"该人事经理哑口无言，他没料到乔布斯是这样的态度，愣了半天，他才问到了苹果公司未来的发展计划。

乔布斯没有回答，反而接着说道："我觉得你不适合本公司，如果你没有什么话要说，就可以离开了。"

在此之前，这个人事经理已经经过了漫长的十周面试，现在乔布斯突然说让他离开，他一时之间也没有反应过来。

短短几分钟的面试，乔布斯根据自己的观察就判断出这位应聘者不是他所需要的人才。

这就是乔布斯的面试风格：给面试者以强大的压力，然后借机观察他们的反应，从而判断这个人的抗压能力、应变能力以及其他诸多方面的素质。

创业者在为组建团队网罗一流人才时，不妨学习一下乔布斯的做法，特别是工作压力比较大的 IT 行业。企业可以根据自己各自不同的经营理念来设计不同问题，以便考察你面前的人才是否是你所需要的团队人才。

只选最合适的，不选最优秀的

选择一流的人才来组建团队，是不是人才越优秀越好呢？换句话说，在“适合”与“优秀”之间，我们该如何取舍呢？在组建团队的过程中，“选怎样的人”是非常重要的环节。

其实早在 2007 年，苹果公司在寻找“iPod”之父托尼·法德尔的继任者之时，乔布斯就给我们指出了明确答案：只选最适合的。

自从 2007 年 10 月份开始，苹果就开始寻找托尼·法德尔的继任者，但花了整整五个月的时间，苹果始终没能找到一个合适的人选。虽然在苹果公司里有很多能力非常强的技术人才，但他们都缺乏推动如此庞大事业的管理技术和领导水平，并且这些人并不能完全领会苹果公司的文化精髓。最后选定的却是一个看起来并不是最优秀，但是非常适合企业发展的候选人，他就是马克·派马普斯特。

在苹果人力资源部开出的这份候选人名单中，总共有八个人，马克·派马普斯特排在这份名单的倒数第几位，很明显，马克·派马普斯特并不具有优势，原因是他很少接触半导体以外的其他领域。但是最终，排在他前面的那些很优秀的人都被排除掉了，因为相比之下，苹果发现了马克·派马普斯特所具有的独特优势——他的“动态”性格以及超强的领导水平，这两点完全可以弥补之前被苹果“介怀”的不足。

“只选择最适合的，不选择最优秀的。”这个人才观点，现在已经得到了大多数企业家的认同。

那么对于一个企业来说，选择适合的人才有哪些要求呢？我认为主要有“三关”：

一、操守关。

首先个人品德要过硬，具有良好的职业操守。一个人即使能力再高，如果没有职业操守，那也不能选用。陈毅元帅曾说：“飞行员最重要的不是高超的飞行技术，而是不能开着飞机打自己人。”你为自己找一个部门主管，虽然第一年他帮公司赚了许多钱，但第二年他卷着钱跑掉了，这岂不是为他人做了嫁衣？一个品德很坏、能力很强的人，他为你工作的真正目的，很可能只是利用你的公司平台，来谋取他的私利。

二、价值关。

价值观是考察一个人才是否能为己所用的关键指标，一定要让那些认同公司价值观的优秀人才组成你的团队。就像盖房子一样，这样才能盖出一间牢固而又长久的房子。如果员工与公司的价值观不同，即便短期可以共同努力，长期来看一定会散架，导致公司的人才流失率非常高，使你始终在招聘的工作中疲于奔命，没有时间和精力去处理更重要的业务问题。

三、技能关。

没有技能的人才称不上真的人才，和岗位不匹配的人才也发挥不出技能的作用，所以，量才适用是选用人才的最后一个关键环节。能力始终是一个必备的考察因素，公司是赚钱的利益集合体，不是慈善机构，千万不要让你的公司养一堆品德高尚的庸人。

那么知道了合适人才的要求以后，对于一个创业者来说，应如何寻找适合自己公司的人才呢？我认为可以参考以下原则：

一、内部培养为主，空降为辅。

内部培养应该是企业用人第一标准，原因有二：第一，内部培养的成本低，而且基本没有什么磨合期，人才可以即时上岗，又熟悉情况，利于迅速地开展工作；第二，内部培养有利于形成竞争机制，人人争先，个个努力，可以很好地提高工作效率。因为大家都能看到光明的前景，有发展的前途，自然在长期的工作中不易懈怠。当然，内部培养也有其弊端，企业提拔不是你就是我，反正得有一个，管理就逐渐缺乏活力，内部的竞争有时也会陷入一种“没有新鲜空气的慵懒”之中。

这时候，就需要“空降”。“空降”的意义首先在于引进优秀人才，找到真正具有能力的优秀人才，来了就可以胜任，而且可以做得很好，解决企业面临的重大问题；其次是形成鲶鱼效应，为公司内部原本可能普遍很懒散的工作状态打上一针强心剂，重新激活和改善企业内部的竞争环境。

二、满足当前需要为主，适当考虑企业长期发展需要。

招聘的第一原则是来了就能用，当前需要，当前招聘。但为企业长远发展考虑，后备力量的补充必不可少，一些企业未来需要的人才也应适当考虑，特别是那些既符合当下需要，又符合企业未来需要的人才更是企业招聘的重中之重。

三、领导者参与。

领导者参与的好处在于可以提高办事效率，合适即能当场决定。比如乔布斯在招聘人才时基本都是亲力亲为，当场面试，合适即留，不合适即走。

领导者参与对于大多数企业来说都能做到，但后续管理没有几个人能做到位，结果往往是招聘会打个照面，到了公司一个月见不着“老总”。所以，领导者参与的好处还有留住人才，想做到这一点，就必须由领导者表现出诚意，当面交流，给予人才信心，让他们愿意长期留在这里。

四、用人之长，容人之短。

金无足赤，人无完人。每个人都有自己的优点，也有缺点。即便乔布斯，也是一个优缺点并存而且都十分鲜明的人。所以在招聘时要看长处，看他是否能完成工作要求。如果只是盯着人才的短处不放，则极有可能招不到合适的人才。

用人之时更应如此，有多大的能力，就给他多大的舞台，至于那些缺点，如果不妨碍工作，那最好睁一只眼闭一只眼，以宽容的态度对待，反而更容易激发他们的优势。

五、外举不避仇，内举不避亲。

真正公正的用人原则是把私人恩怨放在一边，公司利益大过天，外不避仇，内不避亲。创业者在选人和用人时，不能只顾及私人看法，要从公司的角度去客观审查。如果他可以帮助企业发展，哪怕他跟自己有再大的怨仇，也要公事公办，以公司利益为重，毫不犹豫地选用。同理，如果对公司有利，即使是自己的亲戚也没什么打紧。

骨干需要自己去培养

苹果公司向来都是“选对人，不培养人”，他们通过不同的渠道从同行业挖到很多的技术精英，也因此创造了一个又一个的奇迹，但是据新闻报道，苹果公司这两年人才流失也非常厉害。这些高管的名单包括：

西蒙·普拉卡什（Simon Prakash），曾担任苹果产品整合高级主管。他在苹果公司供职 8 年后，于 2012 年初离职。

戴维·塔普曼（David Tupman），一直负责 iPod 和 iPhone 工程技术的苹果副总裁，于 2011 年底悄无声息地从苹果公司离职。

约翰·特里奥特（John Theriault），约翰·特里奥特是苹果全球安全管理前负责人，2011 年 11 月离职。

达格·吉特罗斯（Dag Kittlaus），在 2007 年创立了 Siri 公司，该公司于 2010 年被苹果收购。此后，吉特罗斯一直在苹果领导 Siri 的开发工作，直到 Siri 被加入到 iOS。吉特罗斯于 2011 年 10 月离职。

为什么像苹果这样一流的公司，也会面临着人才流失的危机呢？

这主要的原因就是企业内部没有培养骨干人才的机制，人才稳定性差。如果再一味像往常那样依靠“只招人，不培养人”的观念，企业内部的核心领导力量肯定会被削弱，而苹果在业界的领先地位必定会下滑。

乔布斯制造的产品风靡了全世界，他也相信，他所选择的人能够和他一样创造优秀的产品，并让苹果继续焕发青春。所以他认为选择一个合适的员工，就等于选择了正确的发展方向，这样的企业不会犯错误。

但是，如果只是不断地“选人”而不培养属于自己的人才，这些暂时选对的人才很容易会成为其他竞争企业的人才。

意识到这一点的苹果公司为了稳固企业的发展，挽留人才，采取了一系列的举措，比如设立了苹果公司年度 Top 100 人才训练营，以及苹果大学等，当然了，苹果公司最具有教学意义的范本就是乔布斯十几年来的工作经验，这种培训方式可以进一步深化和培训接班团队的“价值意识”，让他们认识到他们是伟大的苹果公司的员工，从而高效地实现企业人才稳定、企业稳定的根本目标。

说到创业者最关心的如何培养企业骨干的问题，其实通过分析苹果公司用人理念转变的过程，我们可以总结出一套企业内部从选拔到培训、考核再到选拔的人才培养机制：

第一步，候选人选拔。

公司应当根据业务发展计划，确定需要的骨干数量，选拔出一定的候选人，从而确保培养的人数与实际岗位需求相吻合，避免出现冗官冗余的现象。

选拔前，我们应当鼓励员工主动参与报名，通过申请使他们成为企业骨干的候选人。企业再从中选拔最适合的人才，建立企业内部培训机制。

第二步，进行严格的内部培训。

企业内部培训的依据是要适应企业的发展要求，培训方法也应灵活多样，因人而异。

企业可采用一般专业课堂培训、经验总结发布方式，还可根据企业自身营销问题、技术难点等小项目的运作情况培训。老板可以通过培训挖掘企业骨干人才，并在这个过程中建立他们对于企业的忠诚度。

第三步，最终考核与选拔。

经过培训之后的候选人必须经过严格的考核，考核他们的已有能力、潜在能力、道德素养、个人习惯、擅长项目、攻坚意向等等，通过合理的、系统的考核，不仅能激励员工成长，同时也能够检验企业员工的综合能力。这样通过考核来培养和提升符合企业发展要求的骨干，既达到了培养骨干的目的，也促成了整个队伍素质的提升。

在企业内部人才的培养过程中，有以下几个要点需要注意：

1. 确定好标准。培训有培训的标准，选拔有选拔的标准，不能任性而为。

2. 做好宣传。宣传工作的好坏直接决定企业选拔的质量，宣传得好，员工就会对标准理解透彻，从而可以有效杜绝选拔过程中的诸多不公平现象。

3. 领导者要参与。主要负责人虽然不必事事参与，但一定要高度关注，全程指导。

聘用一名好的营销主管

苹果公司创造了一系列的神话，让它的竞争对手望尘莫及，其秘诀在于与众不同的营销策略。与众不同的营销成功地把苹果每一系列产品都推向了极致，使其业绩一路高歌猛进。从来没有哪家公司像苹果公司这样把营销做到如此极致，个中原因十分值得我们探究和学习。

乔布斯在一次接受采访时说："没有任何一个产品有苹果这样的创意，也没有任何一个公司有苹果这样的营销，更没有任何一个公司有苹果这样能把营销执行做到极致的中基层主管人员。"可以说，没有好的营销主管，就没有苹果的辉煌业绩。

有一句老话说："酒香不怕巷子深。"然而在社会竞争日益激烈的今天，这句话已经不再适用了。再好的酒，如果你不去宣传，就不会有人来问津。即使你宣传了，如果没有营销主管的执行力，也只能事倍功半、虎头蛇尾。

可以说，营销主管在企业里是一个相当关键的人物，他与公司产品的成败有着十分重大的关系。对于公司来说，营销主管就像中间人，必须能够全面协调公司的各种关系，比如公司的内部关系、与其他企业之间的外部关系等，而不仅仅是一个什么都知道一点，却什么都不精通的"营销策划"。

既然营销主管如此重要，新的创业者在招聘一位营销主管时，务必要小心谨慎，首先必须搞清楚哪些是营销主管必备的知识和素质。

我认为，企业在招聘营销主管的时候，应该注意对以下知识和能力的考察。

一、专业能力。

营销主管的专业能力当然是与营销相关的知识，包括制定大的营销策略、设计营销方案和产品促销方案等等。一个优秀的营销主管，必须了解什么样的市场营销策略才适合本公司，什么样的产品方案才能推动公司产品的热销。

二、创意。

没有创意的营销人才很容易陷入为营销而营销的困境，公司需要的是一些在创意、审美等方面能力都很强的人才。为什么有些人制定的营销方案看似毫无瑕疵，但就是发挥不了作用，原因就在于方案缺乏创意，找不到激发消费者的新奇点。

但招聘具有创意能力的人才时还要注意一点，绝不能为创意而创意，一切创意都要立足于营销的根本目的——产品销售。

三、沟通能力。

沟通能力是衡量一个营销主管是否优秀的关键因素。因为营销主管这个职位担当着承上启下的职责，对上要汇报市场情况，对下要传达公司精神，沟通能力不过硬的话，就无法起到很好的上通下达作用。另外，营销主管还需要和代理商、新闻媒体等单位打交道，这也需要很强的沟通能力。

有一次我跟客户公司的领导一起吃饭，对方新招聘的营销主管作陪。该公司领导一个劲地向我夸赞这位主管的能力，列举了他工作上的许多优点。但当我和他直接交流时，发现他的表达能力和沟通技巧都有问题。首先他的性格比较内向，尽管工作能力不错，干劲也充足，但就是不擅长表达，甚至不喜欢说话，坐在那里半天没有一句话；其次他在向我介绍他的营销策略时，经常使用一些容易让人误解的词汇，使人很难明白他的思路和意图。这一点是最致命的，客户不知道你在说什么，不明白你想要什么，又怎么能很好地合作呢？难道大家在沟通意见时，全靠书面交流吗？

要知道，一个嘴巴张不开的人，不管他坐在哪个位置上，都是很难把工作做好的，更何况是对沟通能力要求极高的营销主管。所以沟通能力应该是对一名营销主管最关键的考核项目。如果不是一个沟通高手，他就胜任不了这个位置。

你需要一名志同道合的搭档

我们一再说，创业初期，百事维艰，人才第一。哪一环节对人才的要求最急迫呢？答案就是你的搭档，他可能是你今后最不可或缺的黄金搭档。乔布斯和他的苹果公司几度沉浮，莫不与之选择的搭档密切相关。搭档选对了，就等于拥有了左膀右臂，有了一双得力的翅膀，帮助你飞上高空；搭档选错了，那对不起，你可能刚飞到半空就折翼掉下来，甚至很有可能根本飞不起来。

乔布斯在20岁时选择和他的好朋友沃兹一起创业，两个人志趣相投，都是技术狂人，也都有创业的热情。最初的苹果公司在两个年轻人的带领下干得风生水起，在不到10年的时间里，苹果公司发展成为一个市值20亿美元、拥有4000多名员工的大企业。后来在推出Macintosh电脑时，乔布斯又迎来了一位非常有才华的搭档约翰·斯库利。但很快，两个人由于理念不合，矛盾越积越深，最后反目成仇，乔布斯被扫地出门，被迫离开了自己一手打造的苹果公司。

意识到寻找搭档不仅仅是寻找一个互相合作的伙伴，更是要寻找一个志同道合的朋友的乔布斯，在重新领导苹果的时候，慎重地选择了自己新的搭档、志同道合的蒂姆·库克。

蒂姆·库克可以说是乔布斯最“钟情”的搭档，他曾向传记作家沃尔特·艾萨克森表示他们可谓“一见钟情”。库克也多次表示，加入苹果对他来说更像是一次机遇，因为他将要和一位创造天才一起工作，这种好运可不是人人都会有的。

如果说乔布斯是一位战略大师的话，库克就是一位战术大师。在苹果，乔布斯扮演着决策者的角色，而库克更像是一个坚定而高效的执行者，他总是能够对乔布斯的决策做出最快的响应，第一时间找到关键的突破点，在很短的时间内付诸行动，将乔布斯的蓝图变成现实。说白了，他们两人是互补的，如同两块磁铁，总能将吸引对方的那一边放在正面，然后紧密合作，毫无冲突。

在一次会议中，乔布斯指出苹果要创建实时工厂，实现无库存生产，以此来保证财务业绩，简单来说就是产品边订购边生产。会议结束后，库克立刻安排人员实施这个决议，关闭10家苹果仓库。而那时，苹果有19家仓库，关闭了一半之多。几个月后，苹果产品的库存周期就由一个月降低到了一周。

两人互不干涉但又相互补充，各自在自己的领域完成最重要的工作，就连性格方面，两个人都是相辅相成的。

乔布斯是一个非常高调的人，库克则相反，他很喜欢隐身在乔布斯的身后默默奉献，从而让乔布斯显得更加光彩照人。有人采访库克，想要从他那里得到“居于幕后工作的不甘”，然而库克坦诚地说，他从来没有嫉妒过乔布斯所获得的荣誉，一秒钟都没有，他很享受幕后的工作，他更希望自己的名字永远不要出现在媒体上。

众所周知，乔布斯是一个很难相处的领导，想要讨他欢心实在不易。就算你不犯错误，单就是如果你不表达自己的见解，他也会把你炒掉。而库克在这一点上做得很好，他知道乔布斯在工作中喜欢和员工互相“攻击”，因为他希望通过对立的意见，为拓宽讨论创造环境，进而得出更好的结论，所以，库克经常充当“警世钟”，提出自己不同的意见来提醒乔布斯一些事情。而乔布斯也说，如果没有库克经常及时的提醒，很多事情都会被他忘记。乔布斯非常信任库克，他坚信库克一直能够清楚地知道该做什么，而不用他随时地告知。因为他们的愿景是一致的，在各个方面都能够相互影响。

当然乔布斯重返苹果公司以后，不只有库克这样一个志同道合的搭档，而是一批愿意与他并肩的合作伙伴，他们都认同苹果公司的文化，相互之间都能彼此理解，而且很有默契，他们能高效地执行乔布斯的经营理念，最终成就了今天的苹果。

乔布斯的案例告诉我们，找到一个合适的搭档有多么重要。下面，我们梳理下对于一个创业初期会面对资金、技术等多种困难的企业来说，寻找到一个对的搭档的重要性。

第一，搭档可以帮我们分担压力和责任。

人的能力是有限的，即使一个人再优秀，他也不能完全独揽天下、什么事情都能胜任。而企业的运转则像很多相互配合的齿轮，少了谁都不可能运行。所以在创业的时候需要不同的人才加入，这样才能使一个企业完整地运行下去。

另外在创业中，除了自身要具备敏锐的商业头脑以外，人脉的因素更不能忽视，而一个人的人脉必然有限，多一个搭档，就多了一度人脉。做生意实质就是与人打交道，是人与人之间利益的博弈。如果你的人脉资源是短板的话，很多事情都会严重受阻，尤其在中国的商业社会，什么场合都讲究一个人情关系。

第二，遇到资金困难时，有搭档一起为你分担解忧。

现在创业做生意、办公司，所需要的资金越来越多，动不动就是上千万甚至上亿的资金启动，即便小点的公司最少也要几十、几百万。而在发展过程中，由于运营的风险不确定，资金的投入自然也会是一个不小的风险投入。当你自身的资金能力有限时，一个财力雄厚的搭档对你来说，就是十分宝贵的。即便两个人的资金都不充足，但如果对方在募集资金方面的能力十分出众，也一定是你需要的搭档。

第三，搭档是一个团队，可以帮我们完成不擅长或者不感兴趣的技术工作。

企业的创立和发展，不仅需要雄厚的资金，更需要过强过硬的核心技术，尤其是高科技公司。像苹果公司在创业初期，乔布斯与他的搭档之所以能在一起创业，是因为虽然他们个个都是IT精英，但他们在技术上确实是可以互补和促进的。换言之，你是这一领域的天才，但未必就精通另一个领域，所以你需要找一个可以互补的人，来共同组成一个比较全面的团队，以免出现管理、决策和技术上的盲区。

所以选对了事业上的“另一半”，才能同心协力地把整个企业高速地运转下去。那么在创业的过程中，我们如何选择搭档呢？可以从以下的几方面考虑：

一、搭档是否具有人格力量。

领导者本人要具有人格力量，选择的搭档也要具有人格力量。一个具有人格力量的搭档能和你共担风险，同舟共济，共同解决创业路上的困难，而又不会要求过多的话语权和曝光率。假如你选择的搭档心理不成熟，你就有可能面临半路被抛下的危险，或者提出不合理的要求，导致双方发生矛盾。

二、搭档是否与你互补。

合作的核心在于互通有无、优势互补。从性格上说，如果你是一个暴躁的人，就要考虑选择一个冷静的搭档；如果你是一个激进的人，就要考虑选择一个稳重的搭档。从其他方面说，如果你有技术，却缺乏资金，就要选择一个资金实力雄厚的搭档；相反，如果你有资金，却缺乏技术，就要选择一个在技术方面比较权威的搭档。

三、搭档是否是一个团队主义者。

搭档首先要是一个团队至上的人，否则合作无从谈起。创业者在选择合作者时，团队精神是最易于忽视的，很多时候，阻碍一个新生企业向前发展的因素不在于市场，而在于团队内部。对于那些不具有团队精神的合作者，即使他资金再雄厚，技术再精湛，还是敬而远之的好，否则等待我们的就只有一条路：失败！

总之，创业过程中，不仅要寻找搭档，更要有慧眼来选择志同道合的搭档。这样创业者才能在创业路上事半功倍、如虎添翼。

保持核心员工的稳定，避免人才流失

如果一个企业拥有了一流的人才，接下来应该怎么做呢？没错，当然是留住他们，至少要留住其中的核心人员，不要让他们跑到竞争对手的阵营。乔布斯说："没有核心员工的稳定，就没有苹果系列产品的延续。留住核心员工，避免人才流失，苹果公司一定能基业常青，再创辉煌。"

虽然人才是企业的最大财富，也没有一个企业不重视人才，但我们都知道，寻找人才难，留住人才更难。在企业发展的过程中，人才流失这个难题一直不断困扰着每一个企业家。

员工辞职离开企业，尤其是核心员工离开，对企业是一种很大的损失，严重的甚至会影响到企业的运营甚至生存。

我见过许多公司和老板，他们本来做得风生水起，业务稳定，利润也不错，但一两个重要的员工离职了，公司立刻就不行了。这些人的离开，对企业来说不但意味着某些关键能力的丧失，而且还带走了一些主要的客户和渠道，就像把一个人身上的血全都抽干了一样。人体大量失血，还能活下去吗？当然活不下去。因为这不光是损失血液的问题，更是危及生命的问题。企业也是这样。

人才流失对企业的损失表现在哪几方面呢？

一、核心技术的泄露。

一般员工的离职对企业伤害不大，但骨干员工则不然。骨干员工往往掌握企业的核心资源，对企业的生产工艺、核心技术知根知底，这样的员工离职后，基于他的能力和价值，肯定会被同行挖走，他会选择同行业中的其他公司去就业。对原来的公司来说，这种影响就是巨大的。

有的老板告诉我："我不怕，我跟他们签岗前保密协议。"

问题是，这种协议的签订并不足以阻止核心技术的泄露。即便违反协议要付出代价，受到法律惩罚，但这时企业受到的损失也已经不可挽回了，因为核心技术的泄露已经发生，难以弥补。

二、打乱正常的工作秩序。

俗话说，一个萝卜一个坑。核心员工的离职会导致正在进行的工作被迫中断，重新招聘需要过程，而且招聘的人员需要一定的磨合期才能正常投入工作。所以对企业来说，留住人比招聘人更为重要。

三、招聘风险。

招聘可以吸收员工、填补空缺，但招聘的员工并不一定适合公司需要，无论招聘官多么优秀，招聘制度多么完善，这个风险是系统风险，是无法避免的。

由此可见，企业留住人才是多么重要。

或许有人以为小公司才会面临人才纷纷跳槽的危机，殊不知其实很多大公司也会频频遇到人才流失的瓶颈问题。比如一贯人才汇聚的苹果公司，也会面临人才流失的恐慌。除了自己培养骨干，提升员工忠诚度，还有什么更直接有效的措施呢，苹果公司又采取了什么措施呢？

用一句话总结就是：对症下药。

员工离开公司，究其根源无非是以下几种：员工不认同企业文化、工资待遇不合理、培训机制落后等。苹果就因症下药，开出了一个个良方，有效地解决了核心员工的稳定问题。苹果公司的用人政策，我们可以归结为如下“四板斧”：

一板斧：提高员工待遇。

员工离职的主要原因是物质待遇不高。管理学中有一个ERG理论，指出人们的生存需要是基本需要，得到基本满足后又会追求更高一层的关系和发展需要，但当高一层需要不能满足后，人们会转而再追求基本需要。就是说，员工在企业中首先会追求物质待遇，物质待遇上去之后，员工会寻求价值观方面的认同，比如尊重、成就等等，但当这些不能有效满足后，人们又转而追求更高的物质待遇。所以，如果物质待遇不够的话，留人基本上等于空谈。为稳定员工队伍，苹果公司除给予员工很高的基本工资外，特别给予一些核心员工股票期权，有效稳定了核心员工群体。

二板斧：寻求文化认同感。

只有高额的薪金是不够的，你还需要独具特色的企业价值观来吸引人才。文化认同感的凝聚力远远地超过了金钱，其价值也是金钱无法替代的。

美国某调查公司做过一个薪金调查，发现，苹果公司的起薪甚至不如微软的一半多，微软约为 9 万美元，苹果只有 4 万美元，但苹果员工对公司的满意度不低于微软。原因无他，就在于苹果独特的企业文化吸引到了一群志同道合的人才。乔布斯无疑是关键人物，因为大多技术人员都是冲着乔布斯来的。乔布斯就像一个梦想设计师，为大家共同织就了一个创世之梦。

三板斧：科学全面的培训。

大多数创业之中的企业都没有系统科学的培训，据统计，我国中小企业每年的培训人次不到总人数的百分之一，培训费用甚至不到薪酬总额的百分之三。员工是企业最大的资产，任何资产都有折旧，人也不例外。现代社会发展日新月异，知识更新的速度也以毫秒计，企业如果不在培训方面加大投入，势必造成员工落伍，一方面影响企业自身发展，另一方面也影响员工自身发展。当员工在一个环境里没有成长机会的时候，他势必要另寻出路。所以，企业与其花大气力招聘人才，不如建立科学的培训体系，使员工与时俱进，既解决自身未来用人问题，又留住了员工，一举两得，何乐而不为?

四板斧：良好舒适的工作氛围。

一个良好舒适的工作环境对员工是一种吸引，更是一种对人性的尊重。

苹果公司一直保持积极轻松的工作氛围，这是苹果能够一直创新发展的重要因素。曾经在苹果工作的李开复回忆说，苹果的员工经常把宠物带到办公室里来，有时候他正在写程序，忽然就会有小狗凑过来闻他的脚，这让他感觉自己工作的环境很自由。

保持核心员工的稳定，这是任何一家公司都应重视且必须重视的课题，因为这是企业的生存、发展的基础，涉及公司的稳定与壮大。所以，作为企业的领导者，尤其是处于创业初期的创业者，必须努力避免人才流失，保持核心员工的稳定。

第 七 章

保持团队

CHAPTER SEVEN

- 末位淘汰：一流的团队不容忍任何一个傻瓜
- 不断注入新生力量
- 企业文化必须从一开始就建立
- 时刻激发团队成员的激情和热情
- 必要的独裁
- 领导者的热忱是追求卓越的驱动力

末位淘汰：一流的团队不容忍任何一个傻瓜

任何一个成功的企业都离不开团队，没有人可以单枪匹马地闯天下。一流的团队能够成就一个企业，同样，一个平庸的团队永远只能做出平庸公司。

乔布斯的成功绝对取决于他的那支“王者之师”，他的手下始终拥有一帮精明和敬业的天才。如果没有精湛的技术创新团队，即使他个人的魅力与能力再强，也不能凭一己之力成就苹果。

那么，一支领先的一流团队应该是什么样的呢？

乔布斯认为，好的团队首先要“精干”，人员精简，各有所长。在乔布斯的苹果团队里，没有任何一个多余的人，任何一个对团队可有可无的人，都会被毫不客气地清理出局。在很多人看来，这是无情和残酷的，但也正是这份冷酷才使得苹果的团队始终保持一流的水平。

在苹果公司，人人都知道乔布斯对于傻瓜的态度是“零容忍”，一旦有员工达不到他的要求，很快就会被告知收拾铺盖了。正如同前面所讲，苹果公司里面甚至有这样的传言，如果员工在电梯里碰见乔布斯，或许出来之后就已经不再是苹果员工了，他已经被乔布斯开除了。

在设计 Macintosh 电脑时，乔布斯为了电脑外观的美观，要求螺丝不能外露出来。一位设计师显示了自己的“聪明”，将一粒螺丝藏在一个自认为不太起眼的把手后面，结果被乔布斯发现了。乔布斯火冒三丈，二话不说就将该设计师开除了。

《商业周刊》开玩笑地说，想在苹果公司持续生存下去的员工有两种，一是天才，二是从不和乔布斯打照面的人，可以说，乔布斯的高标准让“笨蛋”谈虎色变。然而我们在颂扬乔布斯的“残忍”之余，更应该学习他对人才的鉴定和吸引能力。在不断清除“笨蛋”的过程中，及时地发现并吸引到更优秀的人才，为团队源源不断地注入新生力量，使团队结构始终保持平衡，这才是苹果成为世界级精英俱乐部的真正原因。

我们看苹果的团队，始终保持完美的人才结构。在乔布斯的团队里，你可以看到各色身怀绝技的人才，他们每个人在自己的领域里尽显神通，这给苹果带来了持续的活力与创新动力。

一流的团队之所以优秀，是因为团队人员优秀；就像一个人体魄健壮，是因为他身体的每一个器官都处于健康的状态。如果团队人员不再优秀了，而你没办法让他变得优秀，那就只有请他离开，否则，一流的团队将会慢慢被“笨蛋”们占据，活力与创造力将不复存在。

乔布斯说：“要开除那些能力不济的人，真是一件痛苦的事，但这就是我的工作：发现笨蛋，并将他们开除。我一直都非常讨厌以仁慈的方式做这件事。不管怎么样，这是我必须做的事，尽管这从来都不好玩。”

对于创业者来说，乔布斯的这种做法是很值得学习的。我们维持一个团队要付出相当大的成本，你有必要为了一些平庸的人才或没有培养潜力的“傻瓜”支付长期和无谓的费用吗？用各种方法找出他们，然后踢出你的团队，你才有资格担任这个团队的领导者。

现实中，太多的领导者会碍于情面或者员工的“苦劳”而让其继续待在团队里充当无用的角色，不仅造成了工作效率的低下，而且对其他有才华的竞争者也是不公平的。在企业规则中，利益和人情绝对不能混淆，企业者更不能因为“心软”而留住一个一无是处的傻瓜。一流的团队里不能容忍一只有缝的鸡蛋存在，这就是苹果团队非常残酷的基本守则。

有一个著名的酒和污水理论。一匙酒倒进一桶污水，得到的是一桶污水；把一匙污水倒进一桶酒里，得到的还是一桶污水。一个团队是一群人的集合，这个团队的效率和成果就取决于内部组员的能力和行为。如果一个成员把事情弄糟了，那么整个团队的效率都会降低。就像一个木桶盛水的能力取决于那块最短的木板，而非其他所有的长板。所以，如果你的团队里有任何一个拖后腿的成员，都要及时无情地清理出去，哪怕队伍从100便成了10。因为10个精英会做出100个庸人也无法做出的成绩，而100个庸人只能做出庸人的成绩。

乔布斯在1998年接受《财富》杂志的采访时曾说：“皮克斯和苹果两家公司的大部分成功原因都归结于公司的小规模。皮克斯规模小得多，只有450人，但皮克斯是我所见过的拥有人才密度最高的地方。你即使有2000人，也不可能拥有皮克斯那样多的人才。苹果也是如此。”

熟悉乔布斯的人都知道，乔布斯本人对于小而精干的团队比较着迷，苹果公司一些重要的项目，都是由这些精干的团队进行的。比如Macintosh团队就不超过一百人，乔布斯认为即使项目再重大，再困难，人数也不能太多，以免重点不清，难以管理。

乔布斯说："我不能再增加一个人，如果我那样做，就不得不解雇另一个人。"

这很好理解，如果你的团队只有100个人的工作量，但是你招聘了101个人，显然，这个人会是多余的，而多出来的人就会拖团队的后腿，他会逐渐成为一个被闲置的"傻瓜"。问题是，你还要为这个"傻瓜"支付薪水和其他成本，但他又不能为你提供什么价值。

早在苹果刚成立的时候，他们就只有两个人：乔布斯和沃兹。当然，创业之初的团队精简是必然之举，但苹果在取得初步发展后，人数也没有相对暴增。特别是研发团队，一直保持着精干的传统。

乔布斯总结苹果公司说："我们所需的只是四大产品平台，如果能够成功搭建这些平台的话，我们就能够用A级团队来完成每一个项目，而不需要B级或C级团队。也就是说，我们可以更加高效地完成任务。"

这就是乔布斯的团队风格，可以小但是一定要极致专注，通俗地讲就是"一个萝卜一个坑"，多挖一个坑不行，多出来一个萝卜也要立刻拔掉。

乔布斯为苹果专门设计的研发团队的组织结构就很好地发挥了其高效的作用，这样的组织结构不复杂，简单易于管理，而且分工明确，实用高效，不需要倾注大量的心血用于人员的管理。而且精英充斥的团队，更有利于产品的研发设计，相比那些由多层次人员组成的团队而言，小型的队伍要比庞大的团队工作效率更高。

在创立皮克斯动画时，乔布斯就坚持打造一个"短小精悍"的团队。为了寻找到精英，他把自己几乎的所有时间和精力都用来"说服"那些他不认识但需要的人身上。他到处找朋友帮忙推荐，凡是他想要纳入麾下的人，即使倾尽所有办法，乔布斯也要让他“入伙”。在他持之以恒的攻势下，这支精英团队最终融合了最聪明的漫画家、最聪明的作家和最优秀的技术人员。

在苹果，产品的研发也是由顶尖人才组成的一个个小团队推动的。团队质量与团队数量相比，很明显，质量更加重要。

团队的精简不单单体现在数量少、人员精上，在团队组织的管理上，乔布斯也秉持一贯的简约风格。

对于团队的精简来说，适者生存，末位淘汰，能者上庸者下，这是一个最基本的原则，也是现代商业竞争的必然结果，同时还是强者之所以强，弱者之所以弱的关键原因。

打个比方说，在一个草原上生存着一群羊，草原水草丰美，也没有其他食肉性动物，这群羊自然生活得优哉游哉。不过时间一长，它们会不会发胖呢？会不会四肢不勤呢？那就难说了。没有竞争的环境会导致羊群逐渐退化，最后甚至会被老鼠吓跑。反之，如果羊群周围有一只狼整天虎视眈眈的话，羊群的忧患意识、竞争意识会大大加强，群体也会越来越强大。它们会时刻充满警惕，为了逃命而经常练习奔跑，这样一来，羊群的种族才能够长久地存在于草原上。

同苹果一样，国外很多大企业都善于此道。通用公司就将员工分成三类：业绩最好的排在前面，占员工数量的 20%；业绩良好的排在中间，占到 70%；而最差的排在最后面的占了 10%。

针对这种划分方法，通用公司首席执行官韦尔奇解释说：“在 GE，最好的 20% 必须在精神和物质上受到爱惜、培养和奖赏，因为他们是创造奇迹的人。失去一个这样的人就要被看作是领导的失误——这是真正的失职。最好的 20% 和中间的 70% 并不是一成不变的。人们总是在这两类之间不断地流动，但依照我们的经验，最后的那 10% 往往不会有什么变化。一个把未来寄托在人才上的公司必须清除那最后的 10%，而且每年都要清除这些人，只有如此，真正的精英才会产生，才会兴盛。”

国内有很多知名企业也很推崇并正在实行末位淘汰制，比如海尔集团有一个“10/10 淘汰制度”。根据这个制度，如果你属于排名在前 10% 的员工，那就是“有功之臣”，将会受到物质或者升职奖励；而如果你不幸排在最后 10% 的员工里，则有被降级或者免职的风险。在此基础上，如果一个员工连续 3 次考核都没有摆脱后 10% 的行列，那他很快就要面临主动辞职或者被动转岗的局面。据报道，海尔集团曾经有 6 位副总裁因为没有兑现任务目标而被免职。

优胜劣汰可以保持团队的强大，主要体现在以下两个方面：

第一，有利于打造精英团队。

精英团队要求团队人员“苟日新，日日新，又日新”。进步的过程少不了激励，末位淘汰制可以为员工带来进步的激励动力，不进步就被淘汰。在这种近似严酷的制度下，员工激励性大涨，人人向上，个个争先，大大提高了团队工作效率。

第二，打造良好竞争、持续学习的企业文化。

学习是进步的阶梯，不过，人的懒惰天性需要合适的制度来管控，末位淘汰制可以有效地帮助企业实现这一点。研究表示，很多失败的团队并不是败在自身没有优秀人才，而是败在自身没有进步。不进步的根源在哪儿呢？缺乏竞争意识，处在顺境中的人和企业往往都是如此，要知道学习如逆水行舟，不进则退。

总的来说，企业者在管理的过程中，一定要实行正确的人才战略，既要及时地清除“傻瓜”，也要及时地进行补位，这样才能源源不断地为企业注入新生力量。

不断注入新生力量

剔除团队中的“笨蛋”只是第一个步骤，招募到最合适的人才并建设一个强大而永葆活力的团队，才是企业真正的目的。

有人说，一个企业有什么样的人才，就会有什么样的竞争力。不论是小型公司还是大型集团，任何一个企业都离不开人才战略，从企业的创办开始到壮大，期间会经历无数次人才招聘，也只有这样，才能为企业的发展提供最有力的支撑。生物学上讲，人体每18天更新一次水，所以水的质量就决定了我们身体的质量；对企业而言，人才就像人体必需的水一样，多久更新一次，更新的质量如何，决定了企业的发展和命运。

企业不断吸收新生力量，是激烈的市场竞争以及企业的长期发展所需要的。我们知道，知识更新的周期越来越短，企业需要引进一批带有先进知识结构的新人来提升企业的整体水平，他们可以是新毕业的学生，也可以是留学归来的海归。积极吸收新生力量，还可以提升企业内部员工的工作积极性，让老员工有一种危机意识，从而达到共同提高的目的，提升企业竞争力。

那么，在人才竞争如此激烈的市场下，企业如何才能招聘到合适的人才，不断地吸收新鲜血液，占领人才战略的制高点呢？

乔布斯对于苹果公司的招聘给出的一点原则是：改变世界。对，把这四个字当作团队的价值观，让它成为人们的理想并且告诉他们：在我这里你能实现这种伟大的理想。

在一些人看来，这句话简直毫无建设性，听上去就像有人告诉你：我要解放全人类。但就是这个理念，深深地吸引了众多的有志之士，并使他们把其当成了自己的人生理想。

创业和管理也是如此，人们希望在有限的人生中提升自己的灵魂境界，实现自己的价值观，谁能给他们一个这样的平台，谁就能赢得他们的拥戴。

这就是乔布斯的招聘理念，我先不和你讲薪酬，也先不讲待遇（虽然这很重要），我们先来谈谈理想，我给你一个愿景，你还我一个奇迹。企业的人力资源管理人员，应该准确地把握这个技巧，学会向人才画“苹果”，并让“苹果”及时地到达那些渴望机会和成功的人才那里，这样才会吸引到企业所需要的人才。

现在有很多企业的 HR 都在抱怨人才难招，即使他们从招聘宣传、面试复试，到说服动员，做了一切前期准备，可无论是招聘的数量还是质量，都无法满意。问题出在哪里呢？就是团队愿景。由于团队愿景不佳，即便他们强烈地渴望补充新生力量，也很难寻找到合适的人。

你可以想象一下，那些刚从高校毕业的莘莘学子，他们有几个是有明确的职业规划和人生理想的？如果这时候，HR 能够适时地帮助他们思考和选择，那么，招聘的效果就可想而知了，一定会有很多热血沸腾的人才愿意留下来。

除了有共同的价值理念，招聘员工也必须全方位考察应聘者的技能及发展空间，能站好自己的岗位之外，能在岗位上有所建树，才是招聘一个员工最重要的。

当然了，企业在补充新生力量的时候，一定也要关注那些愿意“跳槽”而来的人士，因为这些人才已经是职场中的精英，挖到他们就相当于挖到了巨大的财富。HR 要从多方渠道了解这些人才的去向，而且更要清楚他们的需求，确切地说就是清楚他们为什么要跳槽。如果能够站在对方的角度考虑问题，而且你能够满足对方的需求，那么，就能够让对方下定“跳槽”的决心，从而将人才纳入囊中了。

企业文化必须从一开始就建立

让世界上每一个人都拥有电脑，

是我们的梦想，并且我们为此积极努力着。

我们齐心协力，奋斗不懈；

我们制造一流的产品；

我们生产与众不同的东西，同时从中获利；

我们手连手、心连心，不是赢就是输；

我们充满激情，富有创意，

共同开创公司的康庄大道。

我们所有员工都踏上了这趟冒险的旅程，

我们所作所为与公司的命运息息相关，

我们要为公司创造一片美好前景。

（参见《苹果的哲学》，江苏人民出版社，2011 年 6 月）

这是乔布斯在 1980 年为苹果公司文化撰写的备忘录，更是苹果公司多年来保持团队的精髓所在。

有人或许会问："为什么要建设企业文化？" 一句话，为了保持团队。

美国学者威廉·詹姆斯说："你播种一种观念，就收获一种行为；你播种一种行为，就收获一种习惯；你播种一种习惯，就收获一种性格；你播种一种性格，就收获一种命运。"企业文化就是公司领导人为公司注入的一种观念、一种行为、一种习惯、一种性格，拥有企业文化的支撑，团队才能团结合作、不断进取，公司才有掌握命运、成就辉煌的机会。

乔布斯很早就认识到了这一点，他深知，领导者个人的使命必须上升为公司的愿景，才能唤起团队的合作精神，共同完成这个崇高的目标，因此乔布斯从不把自己看作一个产品设计师，而将自己当成梦想设计师。

从一开始，乔布斯就把自己改变世界的决心带到了公司里，他经常说：“让我们一起在这个世界上留下点儿印记吧。”在乔布斯的感染下，苹果员工众志成城，群情激荡，纷纷传递改变世界的梦想，共同勾勒出一幅异常辉煌壮丽的未来景象。可以说，这样的团队无坚不摧，这样的公司也无往而不胜。

概括来说，苹果企业文化的核心指导方针有三点：鼓励创新、勇于冒险、改变世界。从企业创立之初，这种文化就已经深深地根植在每个员工的心里。

第一，大胆创新。

乔布斯坚信，创新是连接产品的桥梁和纽带，而且要学会跨界创新。他经常鼓励员工从其他行业和领域寻找灵感，比如随手可见的电话簿、传真机，或者冥想、旅行等，这些都可能成为创新的源泉。

而其他很多著名企业也都在大力地鼓励员工创新。比如谷歌，总部设有专门的手工作坊，员工在闲暇时间可以在那里尽情地彰显想象力，制作自己喜欢的项目；而百度也为创新团队专门设置了100万美元的奖励。这些措施不仅大大地激励了员工的创新精神，更让创新成为一种企业文化。

第二，勇于冒险。

从白手起家开始到现在，苹果的信条一直是“走自己的路，让别人说去吧”。在公司创立之初，乔布斯就命人在公司的楼顶上悬挂海盗旗，向世人宣布：苹果就是与众不同。这种我行我素、勇于冒险的作风，才使得苹果研究出了一个个让消费者为之疯狂的产品。

众所周知，苹果电脑是世界上唯一不与IBM-PC兼容的机型，即使IBM占有计算机市场最大的份额，苹果也拒绝授权其他电脑生产商生产深受欢迎的Macintosh软件。这无疑是一种很大的冒险行为，但也正是因为这种大无畏的精神，才使得苹果创造出了风靡全球的Mac电脑。

第三，我给你一个改变世界的梦想。

乔布斯自始至终只有一个梦想：改变世界。无论是在招聘人才的时候，还是在企业文化的建设上，他都会坚定地告诉对方，苹果的梦想就是改变这个世界。

很多人都说乔布斯是一个超凡的鼓吹者，没错，每当需要一个人加入自己的时候，他就会大肆地鼓吹和煽动他的愿景，即使这个产品还不存在，他都有能力让别人完全相信这早晚会成为事实。正如他招聘百事可乐CEO约翰·斯卡利的时候说的那句名言：你是想用余生去卖糖水，还是跟我一起改变世界？

改变世界，这是一个美丽而伟大的梦想，任何一个有理想的人都不会拒绝。

苹果的企业文化的形成在这个总方针的指引下，主要还靠以下几点来完成：

第一，注重产品设计。

虽然说乔布斯是一个梦想设计师，但归结到具体事物上，梦想必须有实体承载，这个实体就是苹果产品。乔布斯对苹果产品的重视程度是前所未有的，他几乎参与了苹果产品设计的全部过程，也曾过问产品设计的诸多细节。与其他公司不同，作为CEO的乔布斯从一开始就率先把自己定位成了一个消费者，这使他更了解消费者的需求，从而做出的产品都是从满足消费者的需求角度出发的，所以我们会看到，一贯重视视觉艺术感染力的苹果公司的产品设计，从外观到视窗，无不散发着一种“乔布斯”魅力，当然这非常能够打动消费者的心。尽管苹果的产品从科技层面来说并不十分突出，但我们很难不把“创新”的桂冠戴到它的头上。

第二，善于忘记，善于开始。

乔布斯对设计师团队的要求是：忘掉以前的一切，一切从头开始。

刚加盟苹果的设计师会首先接到一项任务，即忘记以前的技术，从头学习，因为苹果的产品设计理念与大多数公司都是不同的。乔布斯不希望自己的设计师还保留着其他公司的工作习惯，苹果公司的设计必须独特而不雷同。

设计师从头学习的过程其实是一个认可苹果公司文化的过程。通过这种学习，设计师第一会认同苹果的设计理念，第二会认可苹果公司本身。在他们眼里，苹果就是苹果，独一无二，不同于行业里的其他任何公司。苹果的设计师也许会变得非常自负，就像乔布斯本人一样，但自负本身就是苹果文化之一——他们相信苹果是世界上最强的公司，有不同于其他公司的做事方式。

第三，永不服输的精神。

在苹果的字典里，永远没有“输”这个字眼，就算企业面临再大的难关，产品面临再大的缺陷，乔布斯也不会低下他那高傲的头。相反，苹果的整个设计团队会加倍努力，设计出更加精美的产品，来宣布自己的胜利。

第四，持续关注细节。

我们多次说过，细节决定成败。苹果之所以能持续抓住消费者的心，就在于它深谙此道。比较一下苹果系统和谷歌的 Android 操作系统，我们就能很容易地发现，苹果在细节上的表现要远远优于对方。

与苹果系统相比，Android 操作系统不管是升级还是下载兼容软件，都不太方便，系统本身没有大容量的存储，用户如果要下载大文件必须外接存储，那些高品质的软件和游戏，很难运行。单从系统结构来讲，Android 操作系统没有特定的媒体文件夹，比如用户安装的软件通常会自带一些音频和图片，这些本该“隐藏”起来或者单独放在一个指定的文件夹中，但是在 Android 系统中，这些碍眼的文件赤裸裸地出现在用户的图片浏览器和播放器中，其中有些是系统文件，不能删除，但留着又很烦人，这就使得 Android 操作系统看上去就像一支杂牌军。

消费者就会觉得，Android 操作系统效果不够炫。为什么不够炫？因为细节不到位，而苹果，把这一切都做到了极致。可以说，正是由于苹果懂得关注细节，注重每一个细微之处可能会给用户带来的体验，才使得苹果产品能够长久地屹立于高端电子产品市场，被消费者青睐有加。

第五，主导市场，不跟随市场。

乔布斯以及苹果设计团队对于市场的态度，就是“主导市场，不跟随市场”。苹果认为它的对手只是自身，它所要做的不是击败对手，而是超越自己。自信如苹果，实力超群如苹果，它理应主导市场，被市场跟随。

在乔布斯的理念指导下，苹果公司从骨子里就透露着非常强烈的信念，立志要用科技改变世界。而被企业文化团结在一起的苹果设计团队也坚信公司的愿景就是自己的使命，苹果设计的产品必须是能改变世界的产品。苹果设计团队这种近乎宗教般虔诚的态度，逐步将苹果公司塑造成了科技创新的麦加圣地。

时刻激发团队成员的激情和热情

保持团队，需要时刻激发团队成员的激情和热情，激励是整个团队运行的核心能量来源。哈佛大学教授威廉·詹姆斯在长期的研究中发现，在平常没有任何外界刺激的情况下，人的潜能大概只能发挥出20%~30%，但如果辅以科学系统的激励，则会发挥出几乎全部的能量来。所以对于团队领导人来说，激励员工应该是其最重要的工作之一。

苹果成立初期，乔布斯和他的Macintosh设计团队在Macintosh电脑最后设计阶段进行了一次电话会议，会议主题是最新款电脑的整合路演。乔布斯发现，下属团队展示电脑路演所用的软件为测试软件，顿时感到不满意，因为测试软件会影响新款电脑的形象。乔布斯提出，完成设计软件再路演。当时距离路演时间已经不足两天，团队其他成员感到不可理解，纷纷表示在这么短的时间内不可能完成软件的设计。他们要求要么推迟路演，要么使用测试软件进行代替。乔布斯坚决不同意，他坚定地说："在苹果，没有不可能，我对你们充满信心。"乔布斯一反常态没有大发雷霆，而是靠他的信任与激励激发大家的工作热情。

最终结果我们都知道了，设计团队的成员不负众望，如期在路演之前拿出了正式软件。

对苹果这样已经遥遥领先于别人的公司而言，对技术人员的激励是一个难点。不过苹果公司的幸运在于它们有激励大师乔布斯。乔布斯很早就认识到，必须找出方法来激发工程师和技术人员的潜能，否则，苹果公司将无法顺利完成它的使命。乔布斯虽然是个科技工程师，但对艺术情有独钟，他从艺术中找到了一种神秘的激励因素。

让我们试着分条来阐述乔布斯的激励措施。

第一，帮助员工快速行动。

先来看一段乔布斯与苹果员工赫茨菲尔德的对话。

乔布斯说："听着，伙计，我想知道你的真实想法。"

赫茨菲尔德低头思考着。

乔布斯接着问道："我可以感觉到，你内心其实是想参加 Macintosh 电脑小组的。"

赫茨菲尔德回答说："是的，我有这个想法，不过瑞克的解雇让我心里不痛快，你知道那是错误的做法。我想起这件事，就觉得无法再在这里待下去。"

乔布斯说："伙计，我们是在谈论你，不是瑞克。那么你是同意来参加了？"

赫茨菲尔德回答说："我还要再考虑一下。"

乔布斯摇了摇头说："我们需要你现在就参加工作。"

赫茨菲尔德愣住了，他想自己至少还要再准备一下。他说："这太快了，我需要时间。”

乔布斯说：“不，就现在。”

说完，乔布斯拿起赫茨菲尔德的电脑，拉着赫茨菲尔德直接走到他的办公室。

乔布斯说：“你现在可以先工作，需要什么，晚些时候再过来取。”

这段对话发生在1981年，乔布斯启动Macintosh计划之前。乔布斯为了Macintosh计划在公司内部寻找精兵强将，赫茨菲尔德首先进入了他的视线之内。但赫茨菲尔德当时正在考虑离开苹果，因为前不久的一次裁员计划让赫茨菲尔德倍感不满，自己的好朋友瑞克无端被解雇，使赫茨菲尔德对苹果的未来以及公平性充满了怀疑。不过，因为赫茨菲尔德对乔布斯本人非常欣赏，最终离开的决定还没有完全定下。此时，乔布斯找上门来，亲自来请他加盟Macintosh设计团队。乔布斯敏锐地发现，赫茨菲尔德的态度是模棱两可的，说明他的内心在犹豫，于是乔布斯快刀斩乱麻，不给赫茨菲尔德考虑的机会，直接帮助赫茨菲尔德做下了留下的决定。试想一下，如果乔布斯说：“好吧，我给你放几天假，你好好考虑几个星期，考虑好了再回来。”结果十有八九是再也等不到赫茨菲尔德的加盟了。

第二，与你的团队待在一起。

乔布斯大部分时间都和自己的设计团队待在一起，几乎全程参与产品的设计。与他们交流工作进度、沟通工作中出现的问题，告诉自己的团队成员哪些地方做得不够好，哪些地方需要改进。

这一点很重要，那些和团队成员十天还见不上一面的领导者肯定做不好激励工作，因为他根本就不了解自己团队的工作状态。

第三，让下属知道你欣赏他们。

对技术人员的激励与众不同的地方就是，对一个技术狂人来说，获得别人的肯定比金钱带给他们的激励更大。在苹果，乔布斯是工程师最好的盟友，因为乔布斯欣赏他们，称赞他们是天才，并且这种称赞常常是当面的。要知道，得到乔布斯这种天才的称赞，对于技术人员来说是一种无上的光荣。

第四，信任他们。

乔布斯会告诉下属团队他需要什么，并给予他们很高的期许。乔布斯说："不要问我答案，我不会告诉你怎么做，我只能告诉你我要什么。"言外之意，我只说我要的，至于怎么办到，你来想办法，我也相信你能办到。而信任他们的结果是团队成员大都会创造性地完成工作。

第五，让他们意识到自己工作的意义。

乔布斯经常对苹果员工宣讲，他们的工作就是改变世界，意识到这一点的苹果设计师往往会充满崇高的使命感，他们自己知道在公司发生的这些事情正在改变这个世界。

这种激励的力量是无与伦比的，西雅图儿童医院首席信息官 Wes Wright 就聪明地效仿了苹果这种做法。

西雅图儿童医院有一支小型的 IT 团队，他们平时不在医院工作，和医院的沟通也不密切，这使得他们对工作没有什么热情，工作效率可想而知。医院的很多员工甚至不知道他们的存在，即使有些知道他们的人，也不明白这样一支看上去很多余的队伍，对医院的工作有何意义。

后来，Wright 召开了由医疗人员和 IT 人员共同参加的会议，并在会议上向 IT 人员解释医院里是如何使用科技的，让 IT 员工真实地感受到他们的工作多么重要。在会议上，Wright 还邀请一些曾在这里治疗过的孩子参加，救死扶伤的概念第一次真实地展现在这些 IT 员工面前，使他们心中充满了崇高的使命感。

没过多长时间，当 Wright 再次巡视这些 IT 员工的工作时，他发现这些员工的工作状态有了本质改变。Wright 感慨地说："再没有比使命感更能激励员工的了。"

必要的独裁

保持团队需要独裁吗？也许有人说需要，也许有人说不需要。但在乔布斯看来，独裁是必需的。1998 年 5 月，乔布斯在接受《商业周刊》采访时明确表示：让一个团队来设计一件产品是件很难的事，大多时候，很多人都不知道干什么，直到有人来告诉他们该怎么做，所以我必须做一个独裁者。

很多公司都有自己的精英团队，但不是每个公司的团队都像苹果公司设计团队那样富有激情和创意，原因无他，苹果有乔布斯，其他公司没有。俗话说：千里马常有，但伯乐不常有。乔布斯既是千里马，又是伯乐，他对团队的"法西斯"式驾驭使苹果设计团队凝聚力超强。很多人说，团队要富有民主。是的，民主必不可少，但必要的独裁更重要，否则团队将无法有效地凝聚在一起，久而久之，会丧失进取的锐气。

苹果公司前首席科学家拉里·特斯勒说：“以前我不太明白‘魅力’这个词的准确含义，当遇到乔布斯后，我恍然大悟。”

托格纳志尼是苹果的一名设计师，平时爱开玩笑。有一次，他抄袭了一个程序给大家看，大家围在他周围，指指点点，有说有笑。乔布斯突然走了过来，对着托格纳志尼就是一顿咆哮，大骂他净做些无聊的小事，浪费了宝贵的时间。乔布斯要求大家立即回到各自的岗位上，并要求托格纳志尼立即删除程序。

这就是乔布斯，丝毫不顾及情面，动辄大发雷霆，以独裁专制取代一切。但乔布斯的独裁正暗合了“了不起的震慑者”的概念。这个概念是斯坦福大学的社会心理学家德里克·克拉默提出的，意思是领导者需要靠简单的咆哮、怒骂等言行举止来产生威慑力。

乔布斯作风强硬，不只体现在恐吓和发怒上，更体现在他行事迅速，厌恶拖拖拉拉。乔布斯从不和人讨论，也不和人争辩不休，他只希望下属迅速解决问题。换句话说，他只希望下属听从命令解决问题。如果你有保留意见，那你必须有足够的勇气向乔布斯提出来，因为乔布斯基本上不会收回成命，事实上，乔布斯的命令很少有错的时候。

苹果之所以成为今天的苹果，绝大程度上是由于乔布斯的存在，正是他的铁血作风才造就了今天的苹果帝国。乔布斯在 1985 年离开苹果、开创皮克斯动画之后，独裁风格一如既往。在皮克斯，乔布斯每周一要召开例会，而例会总是他的个人舞台。在例会上，乔布斯会大谈他对未来动画的理解，谈皮克斯工作的方向，谈他为皮克斯设计的工作蓝图。乔布斯在皮克斯的副手，也是皮克斯动画的灵魂人物约翰·拉塞特有时也受不了乔布斯的这种独裁风格，因为他还要为拍摄动画的事情而忙碌，根本没工夫听乔布斯的“唠叨”。约翰·拉塞特甚至跟乔布斯约法三章，将例会时间由上午改为下午，避免例会要开上一天的情况，让时间缩短一半。然而，这小小的让步并没有打击乔布斯的独裁兴趣，他依然饶有兴致地支配整个例会的谈话内容。乔布斯——这个皮克斯动画的新船长将皮克斯的未来牢牢地掌控在自己手里，最终为皮克斯动画带来了灿烂的明天。

众所周知，当初失去了乔布斯的苹果日渐衰落，濒临危局，此时苹果公司董事会又想起了独裁的乔布斯。为了挽救危亡，乔布斯最终摒弃前嫌，重返苹果。重返苹果的乔布斯继续将独裁进行到底，小心驾驭着这艘处于惊涛骇浪中的老船。乔布斯的独裁使他对苹果新产品的研发有效地统御起来，对苹果未来的方向有效地把控起来，保证了自己的意愿能贯彻到苹果公司的每一个角落。从产品外观到核心功能，从发布会宣讲到广告策划，乔布斯几乎全程严格控制。事实证明，乔布斯的独裁这次结出了更加绚烂的果实，苹果公司开发出一系列震古烁今的产品。

其实，处于危机的企业更需要这种独裁统治，设想一下，如果苹果公司没有一个强有力的领导人来迅速扭转当时的局面的话，危机将不可避免地扩大。乔布斯的强大在于他自信自己可以解决根本问题，他不喜欢向人们解释，也没有时间解释。独裁与专制就是苹果未来的保证。

乔布斯的老友海蒂·罗森曾评价乔布斯说：

“你永远不可能融入乔布斯的世界，你随时都可能说出一些让他轻视你的话，那时，你在他心中就与傻瓜无异了。史蒂夫可以牺牲任何人，但是，很少有人能够从此完全不理睬他，因为他如此令人着迷。不管他如何贬低你，你仍然愿意追随他。我见过很多大名鼎鼎的人物，但是乔布斯是我见过的最具领袖气质的人。作为苹果公司的CEO，他当之无愧。与史蒂夫相处的感觉，就像我对巧克力的迷恋一样。不错，巧克力危害我的健康，但是我的确喜欢它，所以我只好尽可能不让它控制我。”

海蒂·罗森还曾比较过乔布斯和比尔·盖茨的领导风格，她和他们俩都是很好的朋友。在海蒂·罗森眼里，比尔·盖茨是完完全全的朋友，他们之间的谈话会很愉快，无论打电话还是面谈，结果都是一样的愉快。乔布斯则不然，他就像一个反复无常的“魔鬼”，随时都会对着你发火，尽管你是他的朋友。比尔·盖茨比较安静，是一个令人感到愉快的领导者，而乔布斯则更富激情，让人又爱又恨。不过，海蒂·罗森也说，无论是苹果公司员工，还是其他认识乔布斯的人，都认为乔布斯身上的独裁魅力使人着迷，这也是苹果团队凝聚力超强的原因所在。

领导者的热忱是追求卓越的驱动力

世界大文豪爱默生曾说过这样一句话：“有史以来，没有任何一件伟大的事业不是因为热忱而成功的。”热忱是激励我们前进的不竭源泉，在维护团队方面更是如此，可以说，领导者的热忱是团队追求卓越的最佳驱动力。

一个富有激情的领导者，无论从事哪行哪业，即使身处逆境，也一定能鼓舞团队的士气，并领导团队完成艰苦卓绝的工作，进而达到事业的巅峰。

曾担任过苹果公司营销总监的特里普·霍金斯说："乔布斯身上散发着无与伦比的激情，狂热的激情将热忱和洞察力传递给他身边的人，置身苹果公司，有时候会产生一种错觉，你会以为来到了艺术殿堂，而不是科技圣地。"霍金斯认为，乔布斯对于苹果公司投注的巨大热情，活跃了整个公司的氛围。

《财富》杂志曾经这样评价苹果公司的团队精神："苹果公司有大量工程师，但对他们来说，不是仅仅拥有技术优势就够了，他们还必须具有激情。激情是克服设计和工程障碍、准时完成项目的动力；激情能促成企业内部的良好竞争，让弱者淘汰、强者受益。"而无疑，乔布斯给予苹果的激情与热忱是苹果员工产生并维持工作激情的重要因素。

这就是乔布斯的巨大热忱和魅力，他让人们相信他身上具有调动一切的魔力。

乔布斯的激情和其他科技狂人截然不同，在他身上有更多的艺术色彩，这使苹果的产品看起来不像是科技的创新，而是艺术的复兴。比如乔布斯在设计第一款电脑 Macintosh 的时候，就梦想着创造一款无比完美的艺术品。乔布斯的热忱极大感染了设计团队成员，受他影响，大家首先想到的是产品的完美性，而不是市场等等其他东西。最终，具有划时代意义的 Macintosh 问世，显然，这款电脑在设计上是无可挑剔的。

乔布斯说："我可以用我的生命来做很多其他的事情，但是 Macintosh 将会改变整个世界。我坚信这一点，而且我选择的 Macintosh 团队成员也相信这一点。”

正是这种坚定的信念与创新的激情使Macintosh团队成员紧紧团结在乔布斯周围，为我们奉献了一款近乎完美的产品。

其实，与其说是苹果产品成就了苹果的辉煌，还不如说是乔布斯的激情成就了苹果的产品。一系列做工精巧、简便易用、外形美观、功能强大的电子设备在乔布斯的热忱之下，一一被苹果设计团队带到世人面前。

兴趣是对工作热忱的必要前提和动力。在兴趣的基础上发展自己的事业，这是乔布斯取得成功的关键。乔布斯之所以能被其设计团队看作“沙皇”一样的人物，就是因为这份工作是他的兴趣所在，他才能将自己所有的热忱都倾注到这份事业中去。很多人对乔布斯说想成为一个企业家，可是当乔布斯问他们有什么具体想法时，他们却说“还没想好”。乔布斯这时候会告诉这些人，不如先去餐馆做做勤杂工之类的工作，直到发现自己真正的兴趣，再来谈“成为企业家”的事情。

不仅是乔布斯，成功学大师卡耐基也多次倡导“充满热忱”的理念。在和美国一家橡胶公司董事长的谈话中，他说：“我认识一些人，他们成功了，因为他们创业的时候满怀兴致。后来，我看到这些人慢慢成了工作的奴隶，他们对工作变得一点兴趣也没有，因此最终失败了。”

很多人在创业初期踌躇满志，想要做出一番大事业，然而一旦遭遇挫折，就会有很多人激情消退，热情骤减，从而走上下坡路。一个人要想创业成功，必须要保持对事业的热忱，这样才有吃苦耐劳的动力和克服问题的勇气，才能走向成功。

或许我们应该重温一下乔布斯的创业宣言，这是他于1995年接受采访时说过的一段话：

"在找到自己真正热爱的工作之前，你可以去找一份餐馆杂工或者类似的活儿干干，那确实非常累人。我坚信，是否有坚持不懈的毅力是决定创业成功或失败的最重要的因素。创业太不容易了！你为此放弃了全部生活。我想在许多举步维艰的时刻，大多数人都放弃了。我不是在指责他们，我深知个中痛苦的滋味，仿佛整个人生被吞噬了。如果你要照顾自己的家庭、自己的孩子，同时又处于创业的起步阶段，那我都不敢想象你怎么才能熬过来。当然，有人熬过来了，这是创业成功必经的痛苦阶段。每天连续干18个钟头，一周连续7天。除非你有足够多的激情，否则你很难坚持下来，肯定会半途而废。所以说，你必须靠激情支持自己去实现理想或解决某个问题、纠正某个错误，否则不可能有毅力坚持到底。我觉得有了激情，其他一切都不是问题。"

第　八　章

守住秘密

- 一切以“有必要知道”为前提
- 把新品的发布计划作为全球最高机密
- 在不必要的情况下，请远离媒体

一切以“有必要知道”为前提

乔布斯和他的苹果时时事事都给人们造成一种神秘感，这种神秘感也是苹果吸引消费者的一大利器。

神秘感源于何处？秘密。苹果随时随地在制造秘密，却丝毫不透漏一点点线索，极大地勾起了消费者和新闻媒体的敏感神经。消费者在得不到确切消息的情况下，禁不住会浮想联翩。

在苹果公司，保密已成为最有效、最常规的营销手段之一。每逢苹果即将发布新产品，市面上便充满了各种小道消息，“小道消息”的传播成了苹果免费的广告宣传大片。

在 iPhone 和 iPad 推出新品之前，媒体就开始曝出各种关于新品的“谣传”，面对记者和广大消费者的追问，苹果首席财政官彼得·奥本海默却只是淡淡地说“我和你们一样”，而并不透露消息。现任首席执行官蒂姆·库克更是坦诚地表示：他很高兴看到苹果的产品引起大家这么大的兴趣。他认为，谣传越多，人们就会越关注苹果产品。所以他的策略是“不准备发布确切消息以阻止人们对产品的猜测，反而会更加努力地守住新产品的秘密”。

哈佛大学大卫·尤费教授对苹果守住秘密的做法极为赞赏，他认为，到目前为止，苹果依靠保密打造产品神秘度，以此提升销量的营销方式所带来的成功，还没有任何一家公司能超过它。

可是，苹果公司是如何守住产品机密的呢？为什么在产品上市之前，任何人都得不到内幕消息？

这是因为苹果的保密措施已经渗透到公司的每一个角落，它“有必要知道”的守住秘密的做法已经融入到公司的企业文化中。

苹果守住秘密的做法是从内部开始的。在苹果内部，一切都以“有必要知道”为前提，没人随便打听这些秘密，该知道的自然让你知道，不该知道的，一点也不能探听。

早在打造Macintosh电脑时，苹果就已经确立了守住秘密的企业法则。当时，IBM、微软等公司对苹果即将推出的个人电脑严密关注，乔布斯为了测试自己的下属是不是能够严守秘密，经常在内部交流会上散布一些虚假信息。如果这些信息被披露出去，那么乔布斯就会在内部展开调查。一经查实，苹果会毫不客气地请泄密者走人。

在苹果公司里，最多的不是自己的产品，倒是监视用的摄像头。苹果的保密效果甚至做到让自己的员工都大吃一惊的地步，曾在苹果担任了4年系统工程师的爱德华·埃格曼说：“我对iPod的惊奇程度丝毫不亚于你们，因为在公司推出iPod之前，我和同事压根儿就不知道自己身边还有这么一个有趣的玩意儿。”也就是这位爱德华·埃格曼，在以后的一起泄露事件中，被扫地出门。

苹果甚至还对非公司员工披露产品信息进行调查。2007年，苹果在新产品面世前起诉了数名网络博主，这些博主无一例外地在网络上公布了苹果未经发布的新产品细节。苹果公司称他们非法泄露了自身商业秘密。虽然这次诉讼以苹果失败而告终，但苹果为保密而做的努力得到了应有的巨大回报——媒体和公众虽然对苹果新产品的关注度有增无减，但再也难以得到新的细节描述。

苹果这种“有必要知道”的守住秘密的做法也已经扩展到一切与项目有关联的事物上，包括员工家属。比如，苹果不允许员工随意在网络中和亲戚朋友谈工作内容，即使是对亲近的配偶，也要严格保密。用苹果公司前员工约翰·库尔曼的话说：“公司认为，配偶显然不属于‘有必要知道’的那群人。”

2001年，苹果公司前员工约翰·库尔曼在苹果从事一个新项目的开发。有一天，他的上司乔·索科尔飞往加州约翰·库尔曼的家里——由于保密要求，库尔曼需要在家里独立从事这个项目的研发——要求库尔曼展示一下他的工作。于是，库尔曼便向索科尔进行了简单的演示。

乔·索科尔问：“苹果的Mac OS软件是否可以在索尼的笔记本上运行？”

库尔曼称可以，并马上进行实地演示。第二天，乔·索科尔当面向乔布斯汇报了工作成果，乔布斯一看之后，一边马上让下属预约和索尼公司总裁的见面会，一边派人通知库尔曼：不要向任何外人讲他所从事的工作。

苹果高层赛莱特亲自飞往加州库尔曼的家里，将乔布斯的要求当面复述了一遍。但库尔曼告诉自己的上司，自己的妻子谢恩伯格已经知道了这一事情，赛莱特又找来谢恩伯格，叮嘱她务必要忘掉有关这个项目的一切东西，至少在项目公布前是这样，并告诫库尔曼，绝不能再透漏半点消息给没有必要知道的人。

这还不算完，苹果公司又免费对库尔曼的家庭办公室进行了一场“精装修”，以保证库尔曼的工作可以在苹果的安全标准下进行。

就苹果的保密措施而言，效果固然不错，但也有一定的弊端，处于创业中的朋友要审慎对待、合理运用。

这个弊端就是保密过甚，内部员工“有必要知道”的群体太少，无法有效地协调跨功能跨领域的产品合作。另外，一旦产品需要改进，如果沟通不畅，很容易造成工作重复进行，两个人做了同一个工作，或是一个人将同一个工作做了两次。

不过在苹果公司内部，这个弊端很容易得到解决，解决之道就是乔布斯的权威和创新天才。乔布斯的权威保证了苹果公司的秘密总是能够被保护在一个具备高度凝聚力的团队中，而且拥有无比坚固的制度支持，人们服从于最高领导者的权威，开始习惯保密，接受统一指挥；他天才一般的创新能力，则在最重要的产品设计和市场策略方面给苹果指明了方向，不断淘汰旧的“秘密”，创造新的制胜武器，使得过去的技术不再是秘密。

因此在外界看来，苹果虽然出现过很多问题，却依然像一部结构合理的机器一样高速运转着。其实很多权威企业都有这样的特点，凭借着领导人的超个人魅力来解决一些棘手的问题，虽然不太常规，却收效甚好。当然问题在于，一旦新的领导者即位，这种解决问题的方式还能都奏效吗？这也是值得创业者深思的大问题。创业者应该学习乔布斯以权威带动制度提升的做法，完善自身的保密制度，使领导者的权威最大限度地发挥价值；同时，创业者也要认识到，创新永远都是保密的最佳方式，不断地创新，将使你永远握有制胜的法宝。

把新品的发布计划作为全球最高机密

除了让公司员工闭紧嘴巴之外，苹果公司“守住秘密”的另一项关键措施就是把新品的发布计划作为全球最高机密。

苹果新品发布会的保密性堪比美国国家安全局。2005 年，在苹果全球开发者大会上，乔布斯向大家透漏，其实早在 5 年前，苹果就将操作系统的代码按 X86 的架构重写了，就是为了今天能全面转向英特尔 CPU，但这个计划直到乔布斯亲自披露才为人所知。AT&T 旗下的 Cingular 公司是苹果产品 iPhone 的首个销售商，但它的高层也是在正式发布会的前几天才看到真 iPhone 的原型机，而他们之前看到的样机竟然是苹果专门制作的假 iPhone 原型机。

乔布斯认为，一个新品的魅力除了创新外，另外一个很大的原因就是它的未知性。未知性靠什么来保证？显然是保密。如同一个魔术师，如果他在变魔术之前就把个中细节披露出来，表演效果就会大打折扣，反之，如果保密工作做得好，现场将会给观众带来更大的冲击。

苹果公司的新品发布会因其机密而显得愈发隆重、令人震撼。

苹果的发布会一般会遵循一定的程序，过程虽然大部分相同，内容却多种多样。

首先，发布会效果堪比一部好莱坞大片。会场上会装饰有很多标语，标语极具乔布斯式的“煽动性”。当媒体和观众进入会场时，既前卫又具震撼力的摇滚乐及时响起，伴随着大家落座。之后，会在一段简短的演出后，开始正式的新品发布会。

关注苹果移动产品的博客 iMore 的主编 Rene Ritchie 说：“它就像科技界的超级碗和奥斯卡融合到了一起。”

其实，其他大部分的产品发布会从表面上来看，和苹果似乎都差不多，均不外是一个高层人员，或是执行官，或是市场总裁，在台上走来走去，向观众反复介绍新产品的神奇之处。但苹果的发布会更具感染力，这源于他们有乔布斯。

乔布斯的动作、表情似乎有一种魔力，能把观众的情绪调动起来。他那标志性的话“还有一件事”，极具穿透力、感染力，消费者情不自禁地跟着乔布斯的步伐，一起揭开新产品的神秘面纱。

比如 2007 年，在苹果产品 iPhone 的发布会上，乔布斯宣布新产品时，反复向观众强调新手机是“iPod”、“手机”、“网络沟通设备”的综合体，然后得意地问观众：“你们明白了吗？”就是这简单的几句话，将苹果产品 iPhone 推到了世人面前。

iMore 的主编 Rene Ritchie 说：“乔布斯只讲三件事，第一件事就是他即将告诉你的事，第二件事就是他正在告诉你的事，第三件事就是他已经告诉你的事。”苹果发布会的魅力在于他们只讲这简单的三件事，从始至终就是这三件事，并且每件事要重复三遍。“你们明白了吗？”这是乔布斯的口头禅。苹果发布会独特的呈现信息的方式使每个观众在离开时，都确切地知道苹果究竟出了一个什么新产品，也都确切地知道新产品的核心功能是什么。

其次，苹果发布会的另一个特点是先谈细节。传统产品发布会走的路子是“整体到局部”，上来就告诉你我的东西是好的，这样往往让人丈二和尚摸不着头脑。但苹果的发布会却一反常态，他们会先谈一些小的细节，吊足所有人的胃口，然后再宣布重大的产品。这就好像有人告诉你，你将会得到一个漂亮的蛋糕，蛋糕上会有一个可爱而精致的玩偶，越是这样，你越想得到这个蛋糕。这种特点既照顾了观众的接受习惯，又突出了苹果的细节创新。

此外，苹果的发布会更像是一个“现实扭曲场”，“现实扭曲场”这个词最初来自于电影《星际迷航》，说的是外星人的精神力量。如今拿它来形容乔布斯和他的苹果却也非常恰当。苹果软件工程师安迪·赫茨菲尔德就曾在其著作《苹果往事》中用这个词来形容乔布斯和他的苹果有一种神秘的感染力，使周围的人不自觉地处于其气场的控制下。众所周知，乔布斯在演讲中，表情夸张，眼神有力，口若悬河，意志坚强，声音抑扬顿挫，确实能达到混淆受众正常认知的地步。

正如 iMore 的主编 Rene Ritchie 所爆料的：“前排的观众可不是凑巧来的，他们都是苹果公司的员工。”他们坐在前排充当观众，完美地配合乔布斯。

苹果的发布会就是苹果精心为人们安排的一个超现实的故事。

尽管很多科技公司对此不以为然，他们认为产品发布会就是介绍产品的，与其他无干，但事实是，每一个参加过苹果新品发布会的观众都不由自主地接受了“现实扭曲场”式的宣讲。不认同乔布斯现实扭曲场表演的人，只能说明他们缺乏一种营销的意识。只知道聊产品，而不知道怎么把有用信息传导给消费者，显然是非常不明智的。

鉴于苹果其的重要性，无论是乔布斯时代，还是后乔布斯时代，苹果对其重视丝毫没有降低，一直将之看成是全球最高机密。近日，美国著名科技杂志对苹果新品发布会的保密性做了调查，认为苹果的保密措施比之乔布斯时代有增无减。

虽然保密行动已经做到如此，但是一些有关苹果新产品的信息仍然会“一不小心”被放到了互联网上。并且每隔一段时间，一些产品的细节就会被不具名人士披露出来。这样一来虽然消费者的好奇心得到了稍微的满足，而且这小小的透露对苹果产品的影响也并不大，但是产品在发布之前就提前泄露，这种行为令苹果工程师感到失望，因为这部分人最自豪的时刻就是在新品发布会上，那是他们的工作得到肯定和鼓励的时刻。

即使是苹果这样保密严格的公司也会遇到秘密泄露的问题，所以，如何保守住秘密就成了每个企业者要考虑的难题。

在这里，我们除了了解苹果公司的保密情况之外，最重要的是要告诉创业者：新品发布计划是重中之重，特别是在剽窃如此严重的市场条件下。如果不想让你的产品夭折在襁褓中，就要从产品出现计划那一刻开始，让每一个接触到产品的人员保守住秘密。

在不必要的情况下，请远离媒体

在当今市场竞争环境下，要“守住秘密”，就必须善于和媒体打交道，而乔布斯在对待媒体上的态度一贯是“远离它”。乔布斯说：“有两样东西我们是不用理会的，一是股价，二是媒体。”不理会股价是乔布斯对自己的公司充满自信，不理会媒体则充分展示了乔布斯和他的苹果帝国的强势。

乔布斯对待媒体的强势做法并不是为强势而强势，也不是盲目地为了“守住秘密”而远离媒体。实质上，远离媒体是为了更好地传播，强势的公司永远不用担心远离媒体后会陷入无人问津的境地，因为“消费强势公司”早已是新闻媒体的生存之道。乔布斯正是看准了这一点，大胆远离媒体，一方面可以保证自己的公司更专心于新产品的研发，并保证新产品研发的秘密性，以期给用户带来更大的惊喜；另一方面又保证了媒体对公司保持有持续的关注，使公司和消费者之间形成必要的良性互动。

从实际情况来看，苹果越是“守住秘密”，公众媒体越是兴趣浓厚。

据调查，美国大约有 1.5 亿网络用户，其中六成是男性。这六成的男性用户大部分通常会在一个月内向身边的人提供一些产品建议。其中，被我们称为“果粉”的消费者占据了很大一部分。媒体之所以愿意消费“苹果新闻”，原因当然是苹果新闻有潜在价值，可以吸引这些网络用户的关注。

据美国杂志信息网络的统计，凡是封面载有关于乔布斯内容的杂志，其销量会较平时增加 25% ~ 45%。《时代周刊》曾出过一期纪念乔布斯的专刊，结果销量整整提高了一倍。

在电视领域，凡是播放苹果新闻的频道，其收视率较平时就大为提高。比如在苹果发布财报的第二天，财经电视频道 CNBC 的收视率就大幅上涨。

苹果公司在互联网上的媒体效应更显著。凡是有关苹果的文章，流量就较往时多。科技博客 Engadget 主编蒂姆·史蒂文斯说："关于苹果产品发布的实时博客报道，要比该网站报道亚马逊产品发布的实时博客报道流量高出近 6 倍。"

据网络公司 NetShelter 首席执行官佩曼·尼尔弗罗施估计，关于苹果的新闻往往是热门新闻，所有网站评选的热门新闻中，苹果基本占有半数以上。

尼尔弗罗施说："消费'苹果'已经成为各种媒体和消费者的生活习惯，虽然大家不见得都会选择使用苹果的产品，但关于苹果产品的新闻总是会吸引消费者的眼球。"

为什么会出现这种情况，原因就是我们开头所说的，苹果执行的是"远离媒体，守住秘密"的做法。正如科技博客 MacRumors 的主编埃里克·斯里瓦克所说："苹果著名的保密原则非常有利于形成这种疯狂（消费苹果新闻）的做法。乔布斯领导下的苹果表面上推崇的是封闭，即他们不希望媒体曝光自己所有的秘密，但他们欢迎媒体给予公司持续而狂热的关注。我想，这也是乔布斯和他的苹果不愿意向外界透露产品开发情况的原因。"

苹果远离媒体的做法着实给自己带来了丰厚的回报。

苹果全球营销高级副总裁菲尔·席勒日前在苹果和三星的专利案上，透露说："苹果公司现在根本不用做任何广告，媒体有关苹果的新闻早已渗透到了世界上的每一个角落。”

诚如菲尔·席勒所言，网络上不乏对苹果新产品的评论，而评论多是褒奖之词，仅是凭借这些评论和关注文章，苹果就已经达到了“广而告之”的目的，又何需做广告呢？据彭博社报道，苹果在 2007 年发布 iPhone 前，媒体的相关报道都是看好苹果产品的，使得苹果在当时并未也不需要为 iPhone 做广告宣传。

实际上，苹果在 2007 年推出 iPhone 后，就真的决定不付费做广告了。

让媒体主动免费做广告，这才是苹果“远离媒体，制造秘密”的最终目的。根据市场调研公司 eMarketer 提供的数据，电信、计算机和消费电子产业投入的网络广告支出已经达到每年 70 多亿美元，占据美国整体数字广告支出的大约五分之一。可见仅广告一项，苹果就能节省出多么大的开支。

当然了，并非所有的企业都能达到苹果公司这种目的，毕竟苹果产品已经做得太成功了。我们在这里说的远离媒体，主要是告诉那些创业者要走低调路线。在企业一切都正在起步的时候，不要轻易抛头露面，因为媒体是一个大众娱乐和舆论产生的地方，除非需要，否则过近过早的接触，很可能会对企业的发展不利。

第 九 章

多奖少惩

CHAPTER NINE

- 物质奖励第一，其他激励为辅
- 不断地给予精神激励
- 赏罚分明是基本原则
- 奖惩要符合心理需求

物质奖励第一，其他激励为辅

激励是员工工作的动力，没有激励就没有管理。在众多的激励措施中，物质奖励永远是第一位的。

乔布斯在 1998 年接受《财富》杂志的采访时说："苹果公司的员工很早就开始持有股票，我们是硅谷首批实行股票制的公司之一。重返苹果公司后，我用股权奖励代替了大部分现金奖金。我们每位员工除了工资外，还有股票收入，这是一种非常平等的公司经营方法，这种方式是由惠普公司首创、苹果公司确立的。"

据国外媒体报道，继乔布斯之后的苹果 CEO 库克在继任之初就得到了价值不菲的股权奖励，其中包括 100 万股限制性的苹果股票期权，这些股票期权的市值约为 3 亿多美元。

作为苹果的 CEO，库克年薪约 80 万美元，另加 90 万美元的奖金。2010 年，库克的总报酬是 5900 万美元——其中包括他在 2009 年乔布斯休病假期间代理 CEO 职务时获得的杰出成绩奖：500 万美元现金和 7.5 万股股票期权——这足以使他在技术行业傲视群雄了。

股票期权和现金奖励不同，它是一个具有战略意义的激励武器。苹果是在乔布斯二次掌舵之时意识到这一点的。

第一次失去乔布斯的苹果日益衰落，一些员工失去了往日的那种创作激情，他们不再像对待“情人”那样积极地对待工作，整个公司的文化氛围受到了影响。

1997 年，乔布斯回到苹果，面对这种情况，他认为解决问题的关键在于要给员工看得见的物质奖励，其中一项就是股票期权奖励。什么意思呢？如果你是苹果的员工，你就可以用自己的薪水购买公司的折扣股票，而且是你购买当日以前六个月内的最低价。此举大获称赞，员工顿时士气高涨。

苹果公司的物质激励主要有以下几个特点：

第一，高管激励周期长期化。

以库克为例，单看他的薪酬总额，2011 年达到了 3.78 亿美元。但在这么庞大的数目中，真正能够马上装进库克腰包的却没有这么多，真正能够变现的只是其中很小的一部分。这巨额薪酬里，有近 3.7 亿美元属于一次性授予的限制股。什么意思呢？就是说这些股票虽然名义上是属于库克的，但是他不能立刻出售，他需要把这些限制股逐步转成他所持有的股票，而这需要 10 年的时间。

第二，长期股权激励永远比现金激励重要。

苹果公司公布的财报显示，高管的现金激励在整个薪酬体系中只占据很小的一部分。比如苹果 CFO 彼得·奥本海默、负责技术的高级副总裁罗伯特·曼斯菲尔德、总顾问布鲁斯·塞维尔和负责运营的高级副总裁杰弗里·威廉姆斯 2012 年薪酬总额均超过 6600 万美元，但他们的基本薪水，即现金部分只有几十万美元。再比如乔布斯 1997 年重回苹果后，也只拿一美元的象征性薪酬。

第三，股权激励的时机一般是晋升时或招聘时。

苹果公司不会每年都对高管进行奖励，比如CEO库克2012年的薪酬总额仅为417万美元，远低于2011年的3.78亿美元和2010年的5900万美元。

第四，股权授予期限。

股票期权的授予并不是一次全部授予完成的，比如苹果授予一名员工100股期权，有可能第一次只给30股，一个月后再给20股，半年后再给剩下的50股。库克就任CEO时，苹果给他的100万股就是分两次授予的。

从以上几点我们可以看出，物质奖励永远占据第一位。虽然如此，其他奖励也是必不可少的辅助，我们这里以西门子的调查为例，讲一讲总体激励方案的设计步骤。

西门子的调查样本选择的分别是通信和电子行业，针对研发和销售两个部门。调查的目的是了解员工对公司提供的哪些条件满意，对哪些不满意。调查结果显示，员工共同关注的包括：成长机会和空间、技能培训、工作是否具有挑战性、薪酬的高低、福利的发放等等。相比而言，研发人员更看重工作兴趣、尊重和成就感，销售人员则更看重良好的人际关系、培训和提升的机会。

从调查结果中我们可以针对双方共同关注的部分制定这样的激励方案：

一、让工作富有挑战性。

挑战性的工作机会可以锻炼员工，为公司储备后进力量，也可以保持公司的竞争性，一举两得。

二、薪酬与业绩挂钩，兼顾同业竞争力。

工作业绩要体现在薪酬上，否则激励将无从谈起。与业绩挂钩的薪酬可以最大程度地激励员工为公司的利益而努力。另外，薪酬要在同业中具有一定的竞争，否则员工依然会丧失进取心。

三、放开手让下属去做，创造信任氛围。

下属都希望自己得到上司的信任，所谓疑人不用、用人不疑，只要上司把任务交给下属，信任就是对他们最好的激励。信任可以体现员工在团队中的重要性，也可以充分发挥员工的个人能力。企业可以安排灵活的工作时间和地点，针对一部分员工，只给最小的限定，以任务来带动他们的工作。

四、管理者提供更多的专业培训。

加强专业培训可以更新员工的知识储备，更好地适应未来的市场需要，一方面使企业处于领先地位，另一方面使员工能跟上时代的发展，有更好的职业发展空间。培训方式可以多样化，诸如轮岗、师带徒是最基本的，再比如成立企业大学、召开研讨会等等。

五、对工作持续关注。

管理者要对工作持续关注，这样才能了解下属员工的需要。持续关注工作，会形成良好的反馈制度，让下属看到自身的工作进展给企业带来的贡献，本身也是尊重员工的一种体现。

六、打造愉快的工作环境。

愉快的工作环境是一种无形的激励，比如优良的办公设备、舒适的办公区域和合理的休闲娱乐空间等。

制定完总的激励政策后，接下来就可以制定一些更为个性化的激励政策。

比如针对销售部员工，他们更看重良好的人际关系、培训和提升的机会，那么公司就可给优秀人才更大的发展空间，委以开发新市场、新项目的重任等等。针对研发部员工更看重工作兴趣、尊重和成就感的特性，在设计奖励措施时，可以给予特殊人才最大的工作自由度，设立最高的技术成就奖等等。

从以上案例中，我们可以总结出基本的激励方案设计原则：重点突出，覆盖全面。奖励的目的是激励员工的工作积极性、提高工作效率、为公司带来效益，所以奖励要重点突出，以物质奖励为主，与业绩挂钩，同时兼顾全面。

不断地给予精神激励

在众多的激励手段中，精神激励是最经济，也是最能达成神奇效果的激励手段之一。苹果设计团队为什么能紧紧团结在乔布斯周围，发明设计出一系列划时代的产品，用乔布斯自已的话说就是苹果员工“在苹果做的工作绝对独一无二！”

在苹果，那种绝无仅有的工作氛围、乔布斯独特的工作理念以及斗志昂扬的团队给参与其中的每个人都带来了不可忽视的精神冲击，使他们由衷地将自身的命运与苹果的命运结合在一起。

乔布斯在组建第一代苹果电脑 Macintosh 的设计团队时，曾这样对他的设计人员说："我们做的是改变世界的大事，在我眼里，你们要么是个天才，要么是个蠢蛋，希望你们能向我展示出你们的与众不同来。"在乔布斯的感染下，Macintosh 电脑设计团队豪情万丈，宣称自己是一群特立独行、反叛世俗的人，他们的目标不仅仅是设计一个电脑，而是要改变世界。

苹果公司能带给员工这样的精神激励，可以说是乔布斯领导魅力的最佳体现。对于创业者来说，对员工进行不断的精神激励是我们必须学会的终极一课。到底怎样对员工进行精神激励呢？我总结出一个"精神激励七法则"，在这里结合各大公司案例，试与创业者分析。

法则一：主人翁意识。

让员工做企业的"主人"是精神激励的前提。实际上，发扬员工的主人翁精神往往成为一句口号，而不是行动。反观成功的公司，无不把员工看成是企业的主人。惠普公司堪称这方面的典范。休利特是惠普公司的创始人，他多次表示，惠普的成功主要得益于为员工创造了一个自主的工作环境。惠普公司从不记考勤，他们甚至没有工作时间表，完全由员工自由决定工作时长。惠普为了方便员工在家里工作，还特意开放存放电气和机械零件的实验室备品库，鼓励工程师将工具带回家，哪怕随便摆弄。

休利特说："惠普就像一个大家庭，在这个大家庭里，每个人都能得到他们的成就、尊严和价值认同感。"

法则二：信任。

疑人不用，用人不疑，任何时候，给予员工充分的信任都会带来良好的回报。日本经营之神松下幸之助说："每个人都有工作的天性。如果你不让他工作，他最初也许会觉得轻松愉快，但时间一长，他也会百无聊赖。激发部下发愤图强的工作秘诀，就是信赖部下，让他们自主自发地去工作。”

法则三：尊重。

尊重是人本身的高级需要之一，作为员工更是如此。著名手机品牌摩托罗拉公司的用人理念就是“肯定人格尊严”。

摩托罗拉的“肯定人格尊严”的管理理念绝不是一句空话，在工作环境、个人前途、沟通渠道、隐私空间、培训机会、离职安排等多个方面都能看出摩托罗拉以人为本的尊重胸怀。公司经常就以上几个方面发出问卷调查，还设立总经理意见箱，及时听取员工的反馈意见。摩托罗拉的调查问卷一般包括以下几个问题：

1. 你的工作是否确定而充实？

2. 你的培训是否适当而积极？

3. 你如何掌握具体工作规范？

4. 你如何认识自身职业前途？

5. 你能否得到最及时的反馈？

6. 你能否得到最公正的对待？

法则四：沟通与建议。

善于精神激励的公司必定善于与员工沟通，并且愿意听取员工的建议，哪怕这些建议是对于公司固有决策的激烈反对。

著名的丰田汽车公司在1951年，首创“动脑筋创新委员会”，在车间设立大量建议箱，还专门建立一间建议室，鼓励员工参与公司产品设计、生产等多方面的管理。韩国的大部分企业都设有“建议箱”，甚至还规定公司员工每年要提出多少条建议。

法则五：宽容。

学会宽容，意味着允许员工为他们所犯下的错误进行反省，进而改正。学会宽容，也意味着给予员工更多的机会。所以，宽容员工的错误也是对员工精神激励的一种有效措施。

20世纪60年代，小沃森加盟IBM公司，引领公司飞跃前进，使IBM成为计算机界的“蓝色巨人”。小沃森靠的是什么？没错，高超的领导才能无疑是重要的。而宽容是其中很关键的一点。

有一次，小沃森的一位下属因为决策失误，使公司损失了近千万美元。这位下属忐忑不安地来到小沃森面前，准备接受任何可能的处罚。小沃森拿起一个方案，扔给他说：“去，把这个项目给我做好。”

下属惊讶地看着小沃森，他本来以为这次铁定要被开除了。

看着下属惊讶的眼神，小沃森笑了，他说：“怎么，你想我会开除你？放心吧，我不会如此‘便宜’你的，除非你把这1000万美元给我挣回来，否则，我是不会让你离开的。”

小沃森的宽容使这位下属大为折服，后来，这个人通过自己的努力，为IBM公司的发展做出了许多贡献。

现在很多企业家不喜欢犯错的人，尤其是因为犯错被别的公司扫地出门的人，但日本住宅工业巨子三泽偏偏反其道而行之，在他的公司，大部分人都是“二进宫”，甚至是“三进宫”。说来也怪，在别的公司被认为不中用的员工，到了三泽那里，工作特别卖力，工作效率也特别高。很多人不明白为什么，三泽这样向他们解释说：“有些人之所以表现不佳，是因为获得的机会不够，在他第一次犯错的时候，你就把他扫地出门，他怎么可能证明自己呢？所以，我愿意给他们第二次机会，这个时候，他们往往会把自身的潜能激发出来，做出更大的贡献。”

Acer的企业文化是以人为本，以人为本最大的体现是宽容，创始人施振荣对于下属的宽容是出了名的，他曾说：“只有能宽容员工的领导才是好领导，只有能宽容员工的公司才是好公司。”由于大家都提倡宽容待人，Acer工作氛围一直很好。

曾经有一次，有一名新加入的业务员不慎将一批电脑卖给了一个空壳公司，电脑发过去了，钱却迟迟没有到账。这名业务员很害怕，他的主管却安慰他说：“你是新人，发生这样的错误是难免的，咱们一起想办法解决。”

于是，主管帮着业务员一起调查、处理了这笔业务。最后，公司非但没有处罚那名业务员，反而以此为契机，重新审视并改进集团的客户信用管理制度，完善了公司的管理。

得到宽容的业务员自然非常感激，工作更加积极主动，后来还成为集团的年度销售标兵。

由于宽容，Acer损失了一批电脑，但同时也收获了一名年度销售标兵，而且，潜在的影响是巨大的：第一，客户信用管理制度完善了；第二，其他员工看到公司如此宽容待人，无形中加强了相互之间的凝聚力，团队更加团结了。

法则六：成就感。

成就感是员工最大的精神激励。对企业来说，要给员工创造成就的机会。

IBM 公司为了鼓励员工获得成就，对技术创新能手授予“IBM 会员资格”，这个会员资格可不是一张白纸，而是切实的物质支持，IBM 会员在 5 年内都将得到公司在创新方面的大力支持。

IBM 公司认为，员工有权选择设想，也有权尝试冒险。这种激励措施使员工体会到了极大的成就感，也极大地提高了 IBM 公司的创新水平。

法则七：耻辱感。

耻辱感是另类的精神激励。耻辱感可以唤起员工本身的好胜心，无形中对员工形成一种前进的精神动力。

多米诺比萨饼公司有一个“30 分钟以内送到”的供应保证，但一次由于生面团供应断档，致使供应时间拖后，最终没能在 30 分钟以内送到客户手中，分店经理为激励员工改进，巧妙地进行了一场“耻辱教育”，他买了几百条黑纱，让所有员工为这次的失误进行哀悼。此举果然大为奏效，类似现象再未发生。

赏罚分明是基本原则

“乔布斯式管理”可以用一句话来概括：爱憎分明。从表面上看，乔布斯像是一个暴君，实则不然，乔布斯的这种激励措施体现了他赏罚分明的特点，而赏罚分明是激励措施的最基本原则。

在苹果公司，一个员工要么能干，像天才一样，这样的人会得到乔布斯嘉奖，他会再接再厉，再创佳绩；要么是个“笨蛋”，受到乔布斯的贬斥，这也会成为他进步的动力，因为被自己的偶像瞧不起是最大的惩罚，不勇敢拼搏、锐意进取，将永远不会进步。所以说，“乔氏管理”的核心是用他本身的魅力来感染员工，一手拿大棒，一手拿胡萝卜。

赏罚分明是激励措施中的头等大事，俗话说：“小功不奖则大功不立，小过不戒则大过必生。”对一个管理者来说，要像乔布斯一样态度鲜明，奖就是奖，奖要合适；罚就是罚，罚要得体，这样的领导者才称得上是一个合格的激励者。

新创业的管理者其实都能认识到赏罚的重要性，但唯一不足的是，他们不知道何时该赏、何时该罚，或者说赏太过、罚太轻，给人造成一种赏罚不明的印象，严重影响了管理者权威。

日本经营之神松下幸之助认为，赏罚要宽严得体，原则面前绝不退步。他认为，上司必须建立起自己的威严，这样才能让下属感到畏惧，从而谨慎认真地做事。这种威严的建立依赖于宽松结合的态度。在平常的时候，应该尽量温和地以商讨的方式引导下属自觉主动地工作。但如果下属犯了严重的错误，一定要及时严厉地指出，并给予正确的指导，不能敷衍塞责。过度放纵下属，会导致工作的无序和混乱，而这样的上司与管理模式也不会培养出优秀的人才。

惩罚的作用毋庸多说，倒是奖励更容易导致“奖不分明”，主要体现在：

第一，奖励特定行为不能突出价值观的重要性。奖励一般针对员工的特定行为，比如有突出的贡献，或者是年度业绩远超既定目标。但这样的奖励存在一种缺陷，因为它只针对工作标准，而不能引导员工个人价值观。换句话说，公司的奖励也许不能达到长期的效果，甚至可能奖励的是一个与本企业价值观格格不入的员工。还有一种情况是，奖励特定行为导致以点带面，不能全面反映员工的个人发展能力。也可能一个非常具有潜力的员工，或许在工作初期时常与奖励无缘，而极大损伤了他进步的积极性。

第二，只奖励某一个人或某一部门。这种情况非常普遍，比如公司销售业绩好，管理层会给销售精英或销售部门发奖金，但很有可能这个销售业绩是由于生产部门的努力间接带来的，因为可能是生产部门加强了管理，提高了产品品质。所以只奖励销售部门肯定会引起其他部门，尤其是生产部门的不满。生产部门会认为，既然业绩都是销售部门做出来的，那么我们何必辛苦卖力呢？结果生产管理松懈，产品的次品率、报废率、返工率都大幅上升，公司增加了成本不说，销售业绩必定会大受影响。

俗话说："天下熙熙，皆为利来；天下攘攘，皆为利往。"奖励是利益再分配的过程，分配利益不能以偏概全，厚此薄彼，而要通盘考虑。

第三，奖励固定行为有碍创新。奖励是对于某种固定行为的强化，本来是一件好事，但有些行为固定以后，随着市场的发展，它可能会落后，从而逐步产生负面作用。此时，你就需要创新来打破这种固化的行为。

比如，一家公司的销售人员为了获取业绩，都会研究和采取新的销售策略，但失败的多而成功的少。公司根据业绩对于成功者的销售方式进行奖励，如果这种奖励行为严格地固定下来，就会导致销售部门的员工逐渐丧失冒险和创新的勇气——没人愿意承担失败（业绩下降）的风险，从而都去模仿被奖励者的行为（沿用被公司肯定的旧的方法，而不是创造新的策略）。

要打破这种固化行为，就必须在业绩考核的基础上，去鼓励员工的创新，激活他们新的思路，而不仅仅是围绕绩效做文章。

针对以上的情况，下面我结合自己的经验，提出几条奖励的基本原则，以供创业的朋友参考。

一、以综合绩效为纲，目标考核为目。

制定奖励政策要以综合绩效为纲，目标考核为目。什么是综合绩效，通俗地说是一个员工工作能力、工作潜力与价值观的总和。企业的奖励政策要能提升员工的综合绩效，而不是使其畸形发展。目标考核则是建立科学的目标，以成果为检验的唯一标准。

比如，年初企业可以推出关于奖励全面绩效的细则，细则要客观，有标准，有目标，并具有可操作性，让员工在工作目标、预期发展、工作动机等方面做到心中有数，年终则对照目标进行全面考核。

二、设立多样化竞争性薪酬体系。

薪酬体系是企业最基本的奖励制度，也是企业整个激励体系的核心与基石，一个多样化、竞争性的薪酬体系能保证企业在吸引人才、激励人才方面取得长足的竞争优势。

竞争性是薪酬必须具有的特性，不具有竞争性的薪酬在市场上很难吸引优秀人才，也很难留住企业自己的业务骨干。竞争性薪酬要保证几点：

1. 要按劳取酬，工作难度越大，危险系数越高，工作量越多，薪酬基点也要越高。比如同是装修工人，高空作业、户外作业薪酬会明显高于室内作业。

2. 重要的岗位薪酬要具有较大的竞争性。

3. 稀缺岗位、稀缺人才要特事特办。

4. 薪酬支付方式要能体现竞争性。

多样性是竞争性薪酬的外延，包括股票期权、特殊津贴、福利计划、养老计划等等。股票期权计划是延揽企业重要人才的常规手段，比如苹果的前后两任 CEO 乔布斯和库克，其本身基本薪水都不高，乔布斯甚至只领取 1 美元的象征性薪水，但他们均持有大量苹果股票期权。特殊津贴一般只针对为企业做出巨大贡献、现在仍活跃在第一线的先进人才。福利计划和养老计划针对全体员工，可以保证公司整个团队具有适当的稳定性。比如联想对卸任老同志的安排，不但使之安享退休生活，使联想平稳过渡，更给联想现任管理团队吃了一粒定心丸。

三、参照活力曲线，建立弹性升降机制。

奖励制度要参照活力曲线，即一个组织总有 20% 的人是优秀的，70% 的人是基本称职的，10% 的人是应该淘汰的。对优秀员工自然要升职、加薪，不合格员工转岗或者减薪，而剩下的大部分员工也要分别给予考虑。加薪与减薪不用多说，对于升职与轮岗来说有一个难点，即职位总数是固定的，一个萝卜一个坑，不多也不少。在大多数情况下，会出现这样的情况，部门内有一个非常优秀的人才，表现十分不错，按理说应当晋升，但他的上司表现也不差，虽然到不了晋升的标准，至少不应被淘汰。怎么办呢？最合理的方式是建立弹性升降机制。

弹性升降机制的要诀是在同一类职位中设立不同的薪酬级别，分别有相应的薪酬标准支撑。举例来说，一个设计部门有一个总工程师，总工手下有多个设计人员，这些设计人员表现肯定不全一样，对于特别优秀的人怎么办呢？不可能人人都来当总工，此时就要设计不同的薪酬级别。

有人或许会问，这是不是有悖于同工同酬的精神呢？当然不违背。问题的关键是要建立科学的绩效考核机制，使不同的薪酬级别有据可依。

奖惩要符合心理需求

奖惩的合理与否是要靠事后的效果来检验的，如果奖励不能形成正激励，或者惩罚不能形成负激励，那么就表示奖惩不符合心理需求，这样的激励措施就是无效的。

先来看几个案例。

联邦快递的主打招牌是“使命必达”，保证货物按时发送是他们最核心的工作内容。为做到这一点，联邦快递先把所有货物集中在机场，然后利用夜里的时间将货物分发到各架航班上。此事对夜班搬运工人的要求极高，如果一个环节出了错，那么货物就不能及时送到客户手中。为了激励夜班工人的工作，联邦快递给出的措施是时薪制，即按工作时间付报酬。结果，夜班工人的工作效率很差，货物常常不能按时送达。后来，联邦快递的管理层意识到激励措施出了问题，时薪制的激励方法不符合搬运工人的心理需求，于是果断改变激励方式，改为按班次付酬，并且每一班次的货物提前全部运送完毕后即可回家。新的激励方法大受欢迎，夜班工作人员效率大增，再没有出现过货物不能及时送达的情况。

施乐公司在其创始人乔·威尔逊离开后，销售业绩开始大幅下滑，不得已，乔·威尔逊再度掌舵。经过调查，乔·威尔逊发现公司业绩之所以不佳，很大程度上是因为激励政策出了问题。公司的激励政策中有一条是这样的，销售员把旧机器卖给客户能得到很高的提成。如此一来，销售员更愿意推销旧机器，而不是新产品。

美国一所幼儿园规定家长在每天下午 6 点接孩子，但一些家长总是迟到，严重延误了幼儿园老师的下班时间。幼儿园于是制定了一项惩罚措施，规定每迟到 1 分钟付款 1 美元。结果真是意想不到，迟到的家长不是越来越少，而是越来越多了。

最经典的案例要数“无偿献血与有偿献血”。一项研究表明，无偿献血要比有偿献血制度效果好得多。无偿献血制度看似没有什么激励，但因为是主动献血，献血之人有一种由衷的自豪感，认为献血是在救死扶伤，无比光荣，故而献血质量好，数量多。有偿献血则不然，“有偿”看似一种激励，但在一些人看来，这种激励不过是获得金钱的一种手段，本来想献血的人反而没有了献血的动机。

这几个案例充分说明，奖惩要符合心理需求，否则会事与愿违。马斯洛需求层次理论告诉我们，人的需求是多方面的，既有低级的生理和安全需要，还有高级的情感归属、尊重和自我实现需要。激励措施要因人而异，分别对待，在不同的需要层次上进行奖惩。

为了更深层次地认识这个问题，我们再来看一个“奖励与惩罚”实验：

将实验人员分成三组，第一组为“奖励组”，第二组为“惩罚组”，第三组为“参照组”，然后以不同的措施对待三组实验人员的同一种行为，第一组实行奖励措施，第二组实行惩罚措施，分别跟第三组进行对照，结果发现前两组的行为水平明显高于对照组。

在实验的第二阶段，研究人员撤销对前两组的激励措施，结果出人意料，前两组的行为水平显著降低，并且远低于参照组。

企业管理中有很多有趣的事情，其实都可以通过这个实验来解释。

我在学生时代，曾有幸拜访过一名著名的企业家，这名企业家带我参观了他们的厂房车间，一一介绍他们的先进管理水平。我惊奇地发现，厂区绿化卫生水平非常之高，简直不像是一家制药厂。我好奇地问他是靠什么做到这一点的。这位企业家不假思索地说：“方法很简单，那就是重奖重罚，每吐一口痰罚款 50 元。”50 元在当时基本上等于一个普通工人的月收入了，这种惩罚的力度不可谓不大。我又问：“现在卫生那么好，还用得着惩罚吗？”这位老前辈语重心长地说：“管理最忌半途而废，如果现在撤掉惩罚，卫生问题会严重反弹，难以收拾。”说完他哈哈大笑，又开了一句玩笑：“一口痰 50 块，不吐白不吐！”

奖励和惩罚不符合心理需求固然达不到预期目的，但如果撤销原有有效的奖惩制度，后果亦不容乐观。奖惩制度之所以有效，是因为从长期来讲，它强化了人们的行为习惯，由外化的动力转为内化的行动。但从短期来说，外化的动力是不能转化为内化的行动的。比如为了表彰员工加班，公司采取加班费加倍的奖励措施，短期来看，员工加班的动力会更足，这种动力源于加班费加倍，一旦外力激励取消，动力源泉不复存在，自然就没有理由加班了。

心理学中有一个非常有趣的故事，可以看作是这种现象的完美注解。

说的是一个心理学家和几个孩子的故事。心理学家有一所漂亮的住宅，他的住宅后面有一片漂亮的草坪。心理学家每逢工作的时候，必定要好好欣赏一下那片美丽的草坪。但让他烦恼的是，一群半大的孩子整天跑到这片草坪上踢球，又吵又闹，搞得他寝食不安，心烦意乱。心理学家几次三番提出严正抗议，奈何这群孩子根本不听劝告，依然我行我素，接着踢球。

终于，心理学家想出了一条“妙计”。他对这群孩子说：“孩子们，欢迎你们来踢球，看你们踢球是一种享受，为了表彰你们的工作，我决定奖励你们 100 块钱。”孩子们高高兴兴地拿着钱走了。

第二天，孩子们踢完球，心理学家又拿出 100 块奖励他们。

第三天，心理学家抱歉地说：“今天只能给你们 50 块，因为我的钱不多了。”孩子们很不高兴，但还是接受了。

第四天，心理学家只拿出 10 块钱来，他说：“太遗憾了，我只剩这点钱了，从明天起，你们连这 10 元钱都得不到了。”

孩子们很气愤，觉得太不公平了，他们踢球竟然没有了报酬。既然没有报酬，鬼才来踢球。于是，心理学家的草坪上再也没有喧闹声了。

奖惩的目的本来是将外在动力转化为内在行动，但这位心理学家反其道而行之，成功地将孩子们对踢球的内在兴趣转化成外在诱因，让孩子们觉得踢球是因为有奖励，而不再是自己本来愿意做的事情。由此可见，奖惩制度如果不考虑心理需求的话，就很难保证有效性。反之，充分考虑到心理需求的奖惩制度会事半功倍，有时还会达到意想不到的效果。

第 十 章

不断学习

CHAPTER TEN

- 吸取他人的经验，绕开他所走过的弯路
- 创新永远是企业延续的根本
- 不断地尝试，直到成功

吸取他人的经验，绕开他所走过的弯路

不知道为什么很多人相信这样的理念：成功没有捷径，只有不断地碰壁，才能收获更多的经验。这是大错特错的，不断的失败累积的是一次次失败的教训，它可能在无形间消磨你的心力，而成功经验的获取主要应看中两条路：要么你自己成功，要么从别人那里吸取。

显然，吸取别人的成功经验对于我们来说更像是一条成功的捷径。仅仅学习他们的成功就可以了吗？当然不是，尤其对于一个创业者来说，那些不能够完全“适销对路”的成功秘诀在使用的过程中更像是“邯郸学步”。

我从多年的调查研究中发现，任何从“作坊式”小公司开始的创业者，在“学习”的过程中都会走这样的弯路：

一、合作伙伴找了熟人，但是熟人最后都变成了仇人。

创业之初，每个人都喜欢跟自己的熟人一起干事业，原因没有别的，大家脾气秉性相投，利于相互协作。但当企业发展到一定阶段的时候，相互之间的利益矛盾便严重起来，昔日朋友甚至弄到反目成仇的地步。为什么会出现这种情况呢？感情和钱没有分开，导致股权不明晰，财权不明确，责任义务和稀泥，整个企业都是一本糊涂账。

二、家长式作风导致沟通不畅。

家族式创业是最常见的创业方式，家长制也是企业比较常见的问题。其实这一问题不仅发生在我国，欧美许多公司也存在类似现象。企业领导人以一家之长自居，凡事要面子，一切以自我为中心，一人掌握整个公司的话语权，任何事情都靠自己的权威定论，结果导致企业内部沟通不畅、怨声载道，严重影响企业的正常运营与发展。

三、裙带关系充斥用人制度。

家族式企业的另一个问题是裙带关系严重。企业用人唯亲疏论，而不是唯能力论。这种问题出现的根源在于缺乏信任机制，大家互不信任，企业也没有科学的运行机制使大家产生足够的信任感，结果只能借助原始的血缘关系来维系企业的团结。在开始时，裙带关系或许能带来强大的执行力，但时间一久，由于不公平的用人制度，就会导致内部人才体系的瓦解，使企业产生严重危机。

四、迷信鬼神。

很难相信在唯物主义至上的今天，鬼神之说依然大行其道，尤其是在企业管理中。很多创业中的企业，诚惶诚恐拜神佛，不辞辛苦测风水，而不是把精力集中于科学的企业管理上。

五、认为空降兵能解决一切问题。

空降兵不是神，外来的和尚再会念经，也不能解决所有企业管理问题。而且空降兵成本太高，尤其是机会成本太高。空降就像外科手术，如果不能解决问题，那么企业必将伤筋动骨。

六、能知人，却不自知。

能知人任人是领导必备的素质，这是一个企业不断充满人才活力的根本。但很多领导者自视过高，缺乏自知之明，自身的缺点毛病一大堆，不能以要求他人的标准来规范自己，很难服众，更不用说让员工尊重你，领导权威也就只能成为一纸空谈。

七、将董事会变成“聚义厅”。

企业就是企业，不是占山为王，水泊聚义，如果搞得“匪”气十足，将流氓文化带到企业中来，那么企业必然效益难佳。

八、滥用“帝王之术”。

有的企业领导人迷信帝王之术，认为企业也如国家，大搞鬼谷子之术，在各部门之间搞所谓的平衡，最后使企业丧失效率以及凝聚力。

九、市场定位不正确。

新创立的企业，市场定位要正确明晰，要能给营销团队施展才能的空间。再有市场拓展能力的团队，碰到“红海”一样的竞争市场，或者是一毛不拔的铁公鸡市场，都会一筹莫展。“将冰卖给爱斯基摩人”这种极富挑战的事，还是交给别人来做吧。

十、商业模式不合理。

做生意就是寻找合适的商业模式，或者说，你要靠什么挣钱。比如苹果，它就是卖手机以及后续服务的。如果创业之初，商业模式选择不合理的话，利润将无从谈起。

学习别人会使我们少走很多弯路，以上这些创业中的错误值得每一个创业者反复深思，这样才能避免让这样的错误出现在自己身上。创业者在走向成功的道路上必定会遇到很多难以解决的麻烦，不是每个人生来就天赋异禀，任何伟人的成功之路都是坎坷和不断地克服坎坷铺就的。但是为什么大多数人只能成为庸者，而伟人只是少数几个？就是因为伟人从没放弃任何一个从挫折中成长学习的机会，而大多数人却止步放弃了。

作为苹果公司的领导人，乔布斯的成功之路就充满了值得我们借鉴的地方。

乔布斯是跟着养父母长大的，养父保罗·乔布斯是一家激光公司的机械师，养母克拉拉·乔布斯为会计师，两人都属于工薪阶层，没有多少积蓄。到乔布斯上大学时，他做了一个“愚蠢的决定”：选择和斯坦福大学一样有着昂贵学费的里德学院。这个决定花光了他养父母为数不多的积蓄，再加上他对那些乏味的课程不感兴趣，于是在短短半年后，他便匆匆辍学了。

辍学对于乔布斯来说并不浪漫，他没有宿舍，也没有饭吃。里德大学学生会主席杰克·杜德曼和乔布斯关系很好，他帮助乔布斯在学校里找了个宿舍——里德学院有很多空的宿舍——还让他旁听学校的课程。生活是艰苦的，乔布斯甚至收集可乐瓶卖掉，以换得食物吃，有时为了一顿免费的饭，他会在每星期天晚上步行 7 英里穿过城市，再赶到 Hare Krishna 寺庙去。

这些困难并没有阻止乔布斯学习的决心，他凭着一股热情摸索着前进，只要是自己感兴趣的东西，乔布斯都要试一试。那时，乔布斯喜欢上了校园里张贴的一双优美的手在写字的海报，他决定上书法课，去学学如何写字。里德学院的书法课程在全美都是排得上号的，乔布斯在这里学会了各种优美的字体，以及怎样改变字体间的不同间隔。

学这些有什么用呢？说实话，年轻的乔布斯并不知道，但总有一天，他会知道的。正如乔布斯后来所说：

“你不能把事情联系在一起而预测未来，你只能回过头来再把它们联系起来。所以，你一定要相信那些点点滴滴在将来一定会以某种形式联系起来，你一定要相信一些事情——你的直觉、命运、生命，无论是什么。这一方法从没有让我失望过。它对我的生活至关重要。对书法的学习看起来没有任何机会在我的一生中得到实际的应用，但是，10 年后，当我们设计第一台 Macintosh 电脑时，这一切就又重现了。我们把字体的设计都放入了 Mac，第一个有着优美字体的电脑。如果我没有在学校学书法课程，Mac 就不可能有多种字体或者按适当比例间隔的字体。如果我没有辍学，我就不会选那个书法课程，个人电脑就有可能没有今天这样优美的字体。当然，当我在大学时，把我当时的一点一滴串起来并不能预测到我后来的结果。但是，10 年后再回头看，这一切非常清楚。”

年轻的乔布斯和朋友创立了苹果公司，仅仅 10 年的时间，苹果从一个只有两个人的车库公司成长到拥有 4000 名员工的大公司。就在这时，乔布斯被自己亲手开创的公司解雇了，但他并没有消沉下去，而是继续学习，以期东山再起。

之后，乔布斯又创办了两家小公司。重新开始的乔布斯很快迎来了又一次的成功，他的公司创造了世界上第一部电脑动画电影——《玩具总动员》，而这时的苹果却四面危机，濒临绝境。1996 年，苹果公司出手收购了他创建的另一家公司，乔布斯借机重回苹果。

重回苹果的乔布斯尽弃前嫌，潜心于新产品的创意设计，接连推出几款新的电脑：

1998 年，iMac 上市，新产品一上市就吸引了大部分消费者的眼球，成为当年最热门的产品之一，在年底的评选中，还被《时代》杂志评为“1998 最佳电脑”；

1999 年，乔布斯推出了第二代 iMac，第二代 iMac 更注重外观艺术带给人们的冲击力，设计更加出众；

……

没有人能一口气吃成胖子，也没有人能够通过一夜快速学习掌握所有知识。每个伟大的成功者的成长之路都离不开“不断”两个字，不断学习，特别是在失败中学习。歌德说：“人不能光靠生来就拥有一切，而应靠从学习中所得到的一切来造就自己。”

俗话说得好，成功靠的是 1% 的天分和 99% 的汗水。一个人只有不断学习才能进步，才能不犯别人犯过的错误；一个企业只有不断学习，才能在万千竞争对手中脱颖而出。

创新永远是企业延续的根本

创新永远是一个企业发展的灵魂所在，这是一条无论过多少年都不会改变的真理。如果仔细研究过那些历经风雨仍旧屹立不倒的品牌、企业，你就会发现，他们的产品从来没有停止过更新，而让你能够一直记住它的，除了经典就是不断的惊喜。

乔布斯和他的苹果之所以与众不同，广受追捧，就在于他能把创新深深地植入到自己的企业基因中去，这让苹果流淌的血液中永远充满新产品的味道。

美国《新闻周刊》说，乔布斯的伟大，是因为他不仅仅创造了苹果和众多赚钱的产品，作为一个伟人，他的创新还改变了个人电脑和互联网的面貌。美国总统奥巴马说："乔布斯让电脑个人化，把互联网装到我们的口袋里。"

有人反驳说，乔布斯不过是把别人的技术重新组合了一下，算得上什么创新呢？其实这种想法大错特错。众所周知，在科技领域，提升产品的性能并不太困难，难就难在如何在保证产品实用性的前提下提升产品性能。比如说，让电池续航时间更长、让手机内存储空间更大，其实并不难，无非就是换一块更大的电池、加一个存储卡而已，但如果加一个体积更小、重量更轻的前提呢？恐怕很难做到了吧？诚然，乔布斯是充分利用了别人的技术，但他能创造性地使用这些技术，在各种因素制约的情况下，依然能展现产品最佳的性能，这本身就已经是一种巨大的进步与创新。

消费者为什么会喜欢苹果的产品？当然是它既美观，又实用，性能还好。苹果产品的火爆验证了乔布斯的天才预见，早在本世纪初，乔布斯就提出了"数字生活时代"的概念。这一切，完全源于乔布斯的天才和创新！当别人还执着地认为个人电脑就是一个工具的时候，乔布斯已经将之创新成一种生活方式。从音乐播放器到蜂窝电话，从掌上电脑到在线商店，苹果一系列的产品证明，创新让它引领了消费潮流。

为什么那么多消费者在购买了一次苹果产品后，会持续地关注和期待它的下一代产品？因为那种无法预料的新鲜感，让消费者感觉很新奇，这是很多其他产品无法给予的。

既然创新具有如此魅力，那么我们该怎么学习创新呢？是不是只要投入大量人力财力物力就能实现创新的目标呢？事实告诉我们不尽然。

据不完全统计，苹果用于技术创新的费用在同类公司中没有任何优势。2009年，苹果投入10亿美元多一点，微软投入却高达80亿美元。过往的三年中，苹果总计才投入不到50亿美元，远不如微软一年投入的多。但就是这样，苹果公司仍在“全球最具创新能力公司”的评选中相继击败谷歌、微软、诺基亚等巨头，连续三年赢得“最具创新能力的公司”称号。乔布斯与苹果的创新能力不得不令人们叹服。

创新既然与花多少钱没有直接的关系，那与什么有关系呢？有两点关键因素：善于学习的人才和有浓厚学习氛围的企业文化。

乔布斯说：“在研发中花了多少钱并不是决定能否实现创新的关键。当年苹果推出Macintosh电脑的时候，IBM在研发上花费的资金至少是我们的100倍。所以这与资金投入无关，重要的是你的团队如何、你的决策者如何以及你自己有多大的能力。”

作为一个创业者，通常资金都比较短缺，每一笔钱都有它的去处，大多数人不愿意把有限的钱从口袋里掏出来搞创新，他们更习惯于把这笔钱用来“跟风”。这就导致企业永远跟在别人的屁股后面，像追逐骨头的流浪狗，不能自己创造粮食，只能捡别人扔掉的。

乔布斯关于创新的三个原则值得我们去好好研究学习，这甚至可以说是一个成功创新的蓝本。

第一个原则：不为创新而创新。

不可否认，乔布斯是一个技术狂人。但与其他大多数技术人才不一样的是，乔布斯从不迷信技术，他对那种为创新而创新的技术狂始终不屑一顾。乔布斯认为，技术精湛并不一定是产品的优势，商业模式和各种配套设施在一定程度上决定了技术的定位。如果技术太超前，导致配套设施跟不上，或者不符合消费者的实际需求，那么这样的技术创新就是失败的。

从这一点来说，很多企业的创新都是失败的。为了追求产品的更新换代，把消费者已经熟知的操作方式和使用习惯刻意地改掉，这种创新除了带给消费者"重新学习"一种新产品的麻烦之外，得不到任何赞许的评价，而且很有可能会导致消费者转身离开，投入到其他便捷产品的行列，因为这对消费者来说"太占用精力了"。

所以，乔布斯和他的苹果公司秉持简单就是好的原则，把逐渐使产品简化作为创新的原则，把复杂的科技简单化，依靠简单创新造就有品位的产品。从 iPhone4 到 iPhone4S，再到 iPhone5，我们可以看出，苹果一直在延续同样的风格，并没有为了创新就"粗鲁"地做出翻天覆地的改变，这样的创新充分考虑了消费者的接受能力，不仅能带给消费者新奇感，更重要的是使产品更加人性化。

第二个原则，创新同样注重服务和体验。

乔布斯提倡的创新还体现在产品的服务和用户体验上。

服务方面，苹果的最大创新就是它的在线商店业务，苹果在线商店提供有 Mac、iPod、iPhone、iPad 及各种配件的在线订购，并提供部分地区的免费送货服务。同时，iPad、iPod touch 的在线订购还将与全球同步实现免费刻字的个性化服务，所有订单提供付费礼品包装。除此之外，苹果 Apple Store 在线应用商店，供使用 iPod touch、iPhone、iPad 的用户方便地购买或者下载各种应用程序。消费者在使用的过程中，如同身临一个便捷超市，只需要简单的操作就能享受到贴心的服务。

在用户体验方面，苹果可以说是做得最优秀、最独具匠心的一家企业。苹果在世界各地建立自己的专卖店，为各地消费者提供了一个绝佳的体验平台。可以说，这样的苹果零售店已经不单是一个产品的销售渠道，还兼有沟通用户的功能。

在苹果店里，你能感受的最大的不同就是你可以只是随便体验体验。消费者可以只是为了体验新产品而在苹果店里玩游戏、听音乐，不必因为不买而感到尴尬。实际上，很多消费者就是抱着体验的目的来逛苹果店的。而很多产品在这一点上做得很差，因为“用户体验”的成本太高，他们从消费者一进门的瞬间就亮出“不买就别碰”的态度，这让很多潜在消费者都带着望而生畏的感觉流失掉了。

其实，推广用户体验虽然成本昂贵，但潜在的收益更大。据统计，类似这样的体验店，苹果在世界各地共有三四百家，平均每年的用户光顾就有一亿多次。假设每十个里面有一个实际购买者的话，那就是 1000 万。仅此一项，苹果就大幅提升了销售量。

第三个原则，建立打破常规的创新体系。

乔布斯说：“我们没有专门的创新系统。这并不意味着我们公司没有科学的流程，苹果公司是一家纪律严明的公司，我们拥有了不起的生产流程。

但生产流程本身并不重要，重要的是怎样合理利用流程，使得公司运作更加有效。”

其实说到底，创新最需要意识，任何机械的学习都不能替代意识在创新中的作用，正如乔布斯所说：“我们专注于制造与众不同的产品，但我们不会有这样的想法：让我们去参加研习班吧！让我们去学习5条创新法则吧！让我们想一些创意吧！让全公司都来遵守吧！为了创新而创新，就像没有个性的人非要装得有个性一般，让人看着感觉非常痛苦。”创新是在潜移默化的学习中自然生成的，不能强求，所以我们必须要有不断学习的毅力。

不断地尝试，直到成功

许多人都夸赞乔布斯是天才，《纽约时报》专栏作家乔诺塞拉称他是“现代资本主义历史上最伟大的创新者”。但乔布斯不这样认为，他说：“创新天才不是天生的，首先你得相信些什么——不论是你的内心、命运、生命还是宿缘。其次你要有勇气追随自己的直觉和内心，不断学习，不断尝试……其他的一切都是次要的。”

乔布斯的这段话明确指出了苹果能拿出天才般的设计的原因：不断尝试，直到成功。乔布斯的信仰就是用完美的产品来改变世界，这种理念，深深根植于他的血脉中，也根植于苹果公司的基因中。

纵观乔布斯的一生，无论在生活中，还是在工作上，他都秉持一贯的尝试风格，不断进取。他所经历的困难坎坷超乎常人想象，他所进行过的尝试更让世人瞠目结舌。他曾一手打造了苹果帝国，又因种种原因被迫离开，但他没有从此沉沦下去，而是重新尝试新的挑战，又相继创办 NeXT 公司，收购皮克斯，最终开创了数字动画电影的辉煌。后来他又再度回到苹果，临危受命，尝试二度掌舵，缔造了苹果复兴的神话。

如果你认真读过乔布斯的传记，你就会发现他有着非同寻常的激情和对创新的追逐力，这让他不畏惧任何困难，反而在挫折和失败中越挫越勇。“尝试—失败—尝试—成功”是贯穿乔布斯生命始终的一条线。

乔布斯不但强迫自己不断尝试，还一直这样要求苹果的设计团队。他认为只有不断尝试各种设计，产品才能达到较为完美的境界。

据说苹果内部关于 iPhone 设计的讨论最早开始于 2005 年，而 iPhone 面世则在 2007 年。在近两年的时间里，苹果研发了无数的 iPhone 原型，这其中肯定不乏优秀的作品，但他们却始终没有停止继续尝试的脚步，最终给世人呈现了一款具有里程碑意义的产品。

总结乔布斯和苹果的成功，可以归结为三个具有代表性的尝试举措。

第一，尝试能和人“友好互动”的电脑——给电脑装上屏幕和键盘。

你能想象吗？在 Apple I 之前，供个人使用的电脑是没有屏幕和键盘的，有的只是一个大大的白板。乔布斯的第一个尝试就是给电脑装上屏幕和键盘，使那些没有计算机专业知识的普通用户也能方便地使用，使电脑这种高端产品飞入寻常百姓家。

而1977年Apple II的面世，更是拉近了电脑与人脑的距离。Apple II相较Apple I，突出的改进就是它设置了米色的塑料箱，而当时其他电脑的机箱是清一色的木制或者铁制，其次是Apple II拥有彩色图形。据说在Apple II面世前，乔布斯曾在会议室里向一位管理人员演示，这位管理员看到大屏幕上的优美图案时，说："市场上有很多计算机，可只有这台才是人们最想要的。"

第二，尝试新的移动生活方式——iPhone的面世。

说实话，iPhone的配置其实一般，不过消费者却非常喜欢，还催生了一大批"果粉"。

同一般手机不一样，iPhone是一种结合了多种功能的智能机。它简单便捷、极易上手，且智能美观。iPhone屏幕采用了多点触摸技术，只需手指轻轻触碰，便能产生灵活准确的反应，手感极佳。而它最突出和特色的就是电话、iPod、上网三合一，这是对移动设备的新生活方式的一次巨大尝试。

第三，用生命进行尝试。

苹果公司的员工都知道，乔布斯身上散发着一种神圣的宗教神秘主义色彩。有报纸称："乔布斯的宗教信仰，以及他的斯巴达式的生活方式，使他看上去不像是工程师，更像是僧侣。"其实，我们与其说乔布斯是技术人员，还不说他是一名哲学家，正如媒体上说的那样，"实际上乔布斯是靠着对基本科技和技术术语的理解来做革新的"。

乔布斯的生活方式更是极尽简朴，在他生前居住的房间里，墙上只悬挂着一副爱因斯坦的画像，家具就只有一张睡床、一盏台灯和一把椅子。

乔布斯认为，工作只是生活的一种体现，而生活中的哲学尝试有助于提升自己的思想。

早在里德学院的时候，他就经常自问“生命的价值在于何处”这样的问题。乔布斯对东方神秘主义产生了浓厚的兴趣，为了寻求答案，他花费大量时间扎在图书馆里，如饥似渴地研习各种哲学书籍，尤其对佛教典籍痴迷。他读过一本名为《一个瑜伽行者的自传》的书，便禁不住想亲身尝试修禅的生活。

1974年，乔布斯决定去印度朝圣，并在那里待了几个月。乔布斯后来描述这次旅程时说：“这是一次苦行僧般的朝圣，只不过我们不知道自己要去往何方。”

去印度的“朝圣”之旅并没能为乔布斯找到自己想要的东西。但是在那里的经历却让他对物质与精神有了更深的感悟。他说：“我生平第一次开始思考，也许爱迪生对改变世界做出的贡献，比马克思和甘地两个人加起来还要大。”

回国后的乔布斯更加注重内心的修行，他曾说过：“尝试修行的真正目的是发现你内心的智慧。如果不能发现自己，就无法与任何人交流。”

正是乔布斯在生活上的这种尝试，最终改变了他的命运，也改变了苹果的命运。生活中我们每个人都有缺乏不断尝试的耐心和勇气的时候，特别是当打击接二连三地到来时，我们很容易就情不自禁地怀疑自己的能力，甚至批判人生、抱怨命运。但是仔细想来，那些成功了的人，他们无非是比失败者多了一份坚持与尝试，成功和失败之间有时候比的就是耐力。

《黑人文摘》是如今美国非常受欢迎的一本杂志，然而在其创办初期，并没有被人看好。创办人约翰逊为了扩大杂志的影响力，绞尽脑汁。思虑再三，他决定做一个“假如我是黑人”的专题，邀请一百个人以黑人的角度来谈谈。约翰逊觉得，如果请的人能有极大的号召力，那肯定非常成功。他想到了罗斯福总统夫人埃莉诺，我们都知道，这并不是一件容易的事。然而约翰逊选择了尝试，但连续两封言辞恳切的邀请信都被婉拒了。执着的约翰逊并没有就此放弃，他每隔一段时间都会给罗斯福夫人写一封这样的邀请信，询问她现在是否有时间可以接受约稿，但是次次都没能如愿。终于，他等到了一个好机会。约翰逊得知罗斯福夫人要来本地出差，他又“厚着脸皮”尝试了一次，再次态度谦卑地请罗斯福夫人在当地期间抽空给《黑人文摘》写下这篇文章。终于付出得到回报，约翰逊终于收到了他期待已久的罗斯福夫人的回信。结果毫无悬念，《黑人文摘》一炮而红，销售量激增。

试想，如果约翰逊在一次次的婉拒中放弃了，估计《黑人文摘》早就从杂志市场上消失了，但是他坚持了下来，并成功了，不得不说，这得益于他不断地尝试再尝试。

生活中，我们经常因为没有机会光临而气急败坏，机会都去哪里了？为什么别人的运气那么好？其实，你不是缺乏机会和运气，是缺乏不断尝试的勇气。也许其他人和你一样，都经历了100次跌倒，但是别人尝试了101次，而你永远在第100次定格了。所以，他成功了，你成了彻头彻尾的失败者。

在绝境中积极进取、勇于尝试是乔布斯的一贯作风，如果他哪怕有一次放弃了希望，也不会有今天这样令人骄傲的成绩。这是任何一个创业者都需要的精神，勇于面对任何困境，勇于尝试更多可能成功的机会。

乔布斯和他的苹果公司成功地做到今天的规模，期间经历了太多的磨难。在和 IBM 竞争时期发布的电脑 Lisa，在技术上遥遥领先，但定价高达 9995 美元，完全没有考虑消费者的消费接受能力。与其说这是一款高端电脑产品，不如说是一件定价昂贵的收藏品。Lisa 很快成为了苹果一次惨痛的失败记忆。经此教训的乔布斯认真分析原因，虚心向技术人员、向消费者求教。接下来相继向市场推出改进后的 Lisa II，更换小容量的软驱，售价降为原来的一半。虽然这款后改名为 Macintosh XL 的电脑没能立见成功，但这为苹果以后的开发奠定了基础。一次次的失败都没能阻止乔布斯以及苹果继续尝试的脚步。

被苹果“开除”，可以算是乔布斯的人生一大重创。幸运的是，这也成就了乔布斯的完美。乔布斯后来非常得意地说，如果不是这次“开除”经历，他的人生可能也不会这么精彩。这就如同人生中的一剂良药，虽然味道很苦，但让他受益匪浅。

于是在 1998 年，乔布斯重返苹果后，设计出了 iMac，也正是凭借 iMac 电脑，失败的阴霾被一扫而光，苹果的激情也重新被点燃起来。

尝到甜头的苹果接着推出第二代 iMac 电脑。二代产品在技术方面没有太大改变，但在外观方面，有着红、黄、蓝、绿、紫五种水果颜色，极具艺术感染力和视觉冲击力，结果再度引领了当年电脑市场的潮流。

从苹果的历程中，我们完全可以看到：任何创业的过程都不会一直是顺利的，但是失败并不可怕也不可耻，真正让我们感觉羞耻的应该是最轻易的自暴自弃。不管顺境，还是逆境，不断尝试新的东西，那么成功总会垂青于你。

从失败中站起来，向其他人学习，是像乔布斯这样的伟人所具有的共同特征。反观许多新创业的朋友，在事情遇到不顺时，往往会妄自菲薄，自认事情失败了，无可挽回了，自己再也不能成功了。于是“失败”轻易得手，而“成功”越走越远。

永远把自己当成一个笨拙的学艺者，没有天分，却乐于苦学；没有捷径，却能够坚持。记住，每一分发奋努力的背后，都必有加倍的赏赐，人生伟业的形成，不在于能知而在于能身体力行。只要你愿意，你余下的生命不会一直平庸，终有一天，你也会改变这个世界。

记住，当你心灰意冷的时候，别忘记对自己说一句：再试一次。千万不要轻易放弃，因为你不知道什么奇迹将会发生。

POSTSCRIPT ONE 后记一

乔布斯：我们最尊重的那一部分

作为苹果公司的舵手，史蒂夫·乔布斯的所有生活都饱受瞩目。这段原本应该在闪烁的灯光下沸腾而热烈的“英雄史诗”，保持着始终的缄默，乔布斯隐藏了他私人生活的大多数细节，从他特别的家庭生活到他与胰腺癌所做的斗争——后者最终夺去了他的生命，享年只有短短的56岁。

我们姑且将苹果的标志称为“让人禁不住诱惑咬掉一口的苹果”，苹果用一个绝佳的视觉形象和全新的技术手段，冲击并影响着我们的生活。然而，当我们将乔布斯璀璨的一生映射到这只“被咬掉一口的苹果”上的时候，我们突然意识到，没有什么是完美的，也没有什么是绝对完整的。乔布斯用他一生的精彩写照告诉我们，他是如何在这不完美、不完整中，打造了这个极具诱惑力——让人“禁不住诱惑”的苹果公司。

笔者认为，这种思想与乔布斯私人生活的状态，以及对“重点”的把握是密不可分的。乔布斯的私人生活造就了他“不寻常、不平凡”的人生特质，这种特质是他能够把握住苹果公司命脉的根本。而所谓的对“重点”的把握，映射到苹果的标识上就是——“重点是被咬掉的苹果，还是剩下的苹果”。乔布斯所“咬掉的苹果”和消费者“看到的苹果”，两者之间有着直接的联系。这是一种“创造者”和“体验者”之间的角色转换，每一个使用苹果手机或者iMac电脑的消费者，都能在“苹果科技”中体验到它对人们生活所产生的影响。

当然，与其他的创新产品不同的是，乔布斯并非简单地将消费者定义为“创新产品的体验者”，而是将他们定义为“新生活方式的创造者”。这种科技上的创新，不是创造一种新的生活方式，而是给予人们一种方式、一种手段，让人们自己去创造想要的生活方式，并且没有限制。

对，这就是几乎所有人都会追求的不羁、无限制的生活方式。所以说，苹果的成功、乔布斯的成功，关键在于他给了人们一种方式、手段，让人们可以自主地影响未来生活。提到这种“不羁且无限制”的生活方式，我们不禁要联想到乔布斯的私人生活状态，一个有着怎样生活经历的人，才能迸发出如此的大智慧？

尽管这位苹果公司的联合创始人和曾经的传奇CEO极力让公众视线远离他的私人生活，但在iMac电脑和iPhone手机等产品之外，关于乔布斯这个人，我们还是了解了很多事。他私密生活的那些细节，能够帮助我们勾画一幅更微妙的肖像，让我们对我们这个时代最杰出的技术精英、这个让无数人在今日仍深情缅怀的人有一个更生动的了解。

如我们想象的那样，每个伟人的成长历程都伴随着一段不平凡的故事，而乔布斯，更是拥有着很多人认为“不可思议”的人生经历。他的童年，他的家人，他的辍学，他的创业，几乎每一个成长阶段都显示出了他注定与众不同……这些经历不断地丰富着乔布斯的人生，也让他变得成熟和睿智。

这种成熟和睿智，最直接地体现在面临选择的时候。他用经历告诉我们，当你发现周围的一切都无法激发你的兴趣或者让你感觉颓败的时候，你需要知道自己想做什么，并做出决断。

乔布斯是如何做出决断，寻找到在他的生命中“最令我们尊重的那一部分”的呢？八年前，乔布斯曾经在斯坦福大学毕业典礼上做了一个演讲，他用三个真实故事讲述了他对于创业和生活的深刻感悟，以下是这个演讲的精彩节选。

今天，我非常荣幸来参加你们的毕业典礼。我自己从来没有从大学毕业，所以今天应该是我距离毕业典礼最近的一次。今天我只想给你们讲三个我生活中的真实故事。仅此而已，没有什么长篇大论，就是三个故事。

第一个故事是关于把点连成线。

十七岁的时候，我进了大学。当时我很天真，选了一所学费几乎和斯坦福大学一样昂贵的学校，工薪阶层的养父母倾其所有的积蓄为我支付了大学学费。读了六个月后，我却看不出上学有任何意义。我既不知道自己这一生想干什么，也不确定大学能帮我弄明白自己想干什么。所以，我决定退学。当年做出这个决定的时候心里还有点打鼓，但现在往回看，那却是我有生以来做出的最好的决定之一。从退学那一刻起，我就可以不再选那些我毫无兴趣的必修课，而开始去旁听一些在我看来更有意思的课。

当时，我所在的学校的书法课大概是全国最好的。校园里所有的公告栏和每个抽屉标签上的字都写得非常漂亮。我退学后不用正常上课了，所以我决定选一门书法课，学学怎么写好字。

当时我并不指望书法在以后的生活中能有什么实用价值。但是，十年之后，我们在设计第一台 Macintosh 计算机时，以前学的书法一下子浮现在我眼前。于是，我们把这些东西全都设计进了计算机中。这是第一台有这么漂亮的文字版式的计算机。要不是我当初在大学里偶然选了这么一门课，Macintosh 计算机绝不会有那么多种印刷字体和间距安排合理的字号。要不是退了学，我也不会碰巧选了那门书法课。当然，我在大学里不可能把当时的点向前延伸，连成一条线。但是现在回过头去看，那条线无比清晰。

你们同样不可能从现在这个点上连出通向未来的那一条线。只有当你回头看时，才会发现这些过去的点其实已经画出了那条线。所以，要相信每一个点迟早都会连接到一起。

第二个故事是关于好恶与得失。

幸运的是，我在很小的时候就发现自己喜欢做什么。我在 20 岁时和沃兹在我父母的车库里办起了苹果公司。我们干得很卖力，十年后，苹果公司就从车库里我们两个人发展成为一个市值 20 亿美元、拥有 4000 多名员工的大企业。而在此之前的一年，我们刚推出了我们的 Macintosh 电脑，当时我刚过而立之年。可后来，我被解雇了。你怎么会被自己办的公司解雇呢？是这样，随着苹果公司越做越大，我们聘请了一位我认为非常有才华的人与我一道管理公司。在开始的一年多里，一切都很顺利。可是，随后我俩对公司前景的看法开始出现分歧，最后我俩反目了。这时，董事会站在了他那一边，所以在30岁那年，我离开了公司，而且这件事闹得满城风雨。我成年后的整个生活重心都没有了，这使我心力交瘁。

一连几个月，我真的不知道应该怎么办。这次失败弄得沸沸扬扬的，我甚至想过逃离硅谷。但是，渐渐地，我开始有了一个想法——我仍然热爱我过去做的一切。在苹果公司发生的这些风波丝毫没有改变这一点。于是，我决定从头开始。

虽然当时我并没有意识到，但事实证明，被苹果公司炒鱿鱼是我一生中碰到的最好的事情。尽管前景未卜，但从头开始的轻松感取代了保持成功的沉重感。这使我进入了一生中最富有创造力的时期之一。

在此后的五年里，我开了一家名叫NeXT的公司和一家叫Pixar的公司，我还爱上一位了不起的女人，后来娶了她。Pixar公司推出了世界上第一部用电脑制作的动画片《玩具总动员》，它现在是全球最成功的动画制作室。世道轮回，苹果公司买下NeXT后，我又回到了苹果公司，我们在NeXT公司开发的技术成了苹果公司这次重新崛起的核心。我和劳伦也建立了美满的家庭。

我确信，如果不是被苹果公司解雇，这一切绝不可能发生。这是一剂苦药，可我认为苦药利于病。有时生活会当头给你一棒，但不要灰心。我坚信让我一往无前的唯一力量就是我热爱我所做的一切。所以，一定得知道自己喜欢什么，选择爱人时如此，选择工作时同样如此。工作将是生活中的一大部分，让自己真正满意的唯一办法，是做自己认为有意义的工作；做有意义的工作的唯一办法，是热爱自己的工作。你们如果还没有发现自己喜欢什么，那就不断地去寻找，不要急于做出决定。就像一切要凭着感觉去做的事情一样，一旦找到了自己喜欢的事，感觉就会告诉你。

我的第三个故事是关于死亡。

17岁那年，我读到过这样一段话，大意是："如果你把每一天都当作生命的最后一天过，总有一天你的假设会成为现实。"我记住了这句话，从那时起，33年过去了，我每天早晨都对着镜子扪心自问："假如今天是我生命中的最后一天，我还会去做今天要做的事吗？"如果一连许多天我的回答都是"不"，我知道自己应该有所改变了。

大约一年前，我被诊断患了癌症。那天早上七点半，我做了一次扫描检查，结果清楚地表明我的胰腺上长了一个瘤子，可那时我连胰腺是什么还不知道呢！医生告诉我说，几乎可以确诊这是一种无法治愈的恶性肿瘤，我最多还能活3到6个月。

我整天都想着诊断结果。到了晚上，我做了一次组织切片检查，他们把一个内窥镜通过喉咙穿过我的胃进入肠子，用针头在胰腺的瘤子上取了一些细胞组织。当时我用了麻醉剂，陪在一旁的妻子后来告诉我，医生在显微镜里看了细胞之后叫了起来，原来这是一种少见的可以通过外科手术治愈的恶性肿瘤。我做了手术，现在好了。

这是我和死神离得最近的一次，我希望也是今后几十年里最近的一次。有了这次经历之后，现在我可以更加实在地和你们谈论死亡，那就是：谁都不愿意死。即使是那些想进天堂的人也不会愿意为了进天堂而去死。然而，死亡是我们共同的归宿，没人能摆脱。我们注定会死，因为死亡很可能是生命最好的一项发明。它推进生命的新换代。现在，你们就是新的，但在不久的将来，你们也会逐渐成为旧的，也会被淘汰。

你们的时间都有限，所以不要按照别人的意愿去活，这是浪费时间。不要让别人观点的聒噪声淹没自己的心声。最主要的是，要有跟着自己感觉和直觉走的勇气。无论如何，感觉和直觉早就知道你到底想成为一个什么样的人，其他的都不重要。

通过以上对乔布斯的了解，我们可以发现一条核心价值——经历和选择。乔布斯的人生经历确定了他的价值观念——创新并成为领导者，他需要用一种新的方式做出符合自己价值观念的选择，将兴趣、想法变为现实。他这样做了，而且毫无疑问地成功了。乔布斯跟自己伙伴创建并发展了苹果公司，这其中不乏汗水、辛酸，也不乏成功的愉悦。乔布斯的一生，就好比苹果公司的标志——“让人禁不住诱惑咬掉一口的苹果”，这种缺陷美所诠释的人生旅途、事业梦想，禁得起世人的咀嚼回味。就像上面提到的，没有什么是完美的，甚至是完整的，但在这不完美、不完整中，有值得我们追求的人生、值得坚持的梦想。

乔布斯的人生经历对他的事业产生了重要的影响，尤其是在他做出辍学选择的时候，这是乔布斯人生中最重要的转折点之一。但如果说仅凭这样的人生经历就能够获得事业上的成功，这未免太过牵强。那么，是什么影响乔布斯成为一个成功的人？——理念。社会评论家称“对于一个有着行动力、能力的人来说，理念将成为他成功的最大砝码”。在乔布斯的成功理念中，有很多值得我们学习和秉承的地方，比如他改变世界的理念，可以说这直接影响了苹果众多具有里程碑意义产品的诞生，并直接影响到人们的生活。对于乔布斯的成功理念，我们可以具体阐述为以下五个方面：

1．作为领导者，必须不断追求创新。

乔布斯的观点很简单：创新是无极限的，有限的只是想象力。愿意并持之以恒去创新的人，必然具备非常高的效率，他让产品更出色、更实用，这对于一个成长性的行业尤为重要。在一个萎缩的行业，创新的作用就更大了，它可以使你快速地从原有的模式中退出来，做出及时的改变，引领这个行业的复兴。

2．把最优秀的人招揽过来，组成最好的团队。

我们应该建设一个怎样的团队？乔布斯认为，一家创业公司的前10名员工决定了这个公司的水平，因为他们每个人都要能负担公司十分之一的工作。把这些最优秀的人招到你的手下，你就具备了做成大事的基础，因为你拥有了一个最好的团队。乔布斯说：“我认为没有一项主要工作可以由单独的一个，或者两个、三个、四个人来完成。”虽然有一些人可以出色地完成一件事，但这却不是一家好企业所需要的。企业要把事情做好，并不是有一个强人就行了，也并非人数多就能实现。在一家企业中，人们需要在合适的基础上找到能力非凡的人来进行合作。一个好的团队可以将个体互动产生的力量汇总，这样一来，整体的力量就会远远大于个体的力量的总和，把企业远远地更快地推向前方，超越那些对手。

3．产品质量至高无上。

一个能够取得伟大成功的人，必定也是一个完美主义者。乔布斯就是这样的人，他认为，完美的质量没有捷径，企业必须将优秀的质量定位给自己的承诺，而不仅仅是一种生意，然后还要坚定不移地走下去。对于自己的要求越高，对细节的关注就高，在这样的态度下生产出来的产品，就会胜过别人，然后你才能脱颖而出。

4．做自己真正想做的事，并且把它做成这个世界上最伟大的事。

乔布斯说："年轻人一定要找到自己喜欢做的事，才能去做伟大的事。"凡是伟大的事，一定是由自己的兴趣构成的。也就是说，当你准备创业时，你必须热爱这件事，打心里认为自己所做的事是唯一能使自己做成伟大事情的途径，除此之外，别无其他。有些人或许直到现在还没有找到自己喜爱的事，这没关系，你一定要坚定不移地找下去，永远都不要放弃。你或许可以多问自己一些相关的问题，看看有哪些方面做得还不够好，然后你的心会指引你寻找更恰当的方向，找到兴趣，并且把它作为自己人生中唯一的事业。

5．保持好奇心，保持天真。

对此，乔布斯用佛教中做"beginner"的心态予以形容。他认为，对于事情必须保持一种强烈的好奇心，像初学者那样去思考和感受。要永远保持求知的欲望，这对于一个人未来的发展极为重要。

由乔布斯打造的这些商业理念，现在已经成为了苹果公司的核心价值观。事实上，几乎每一个创业者都清楚这些道理和原则，但问题是，我们总是停留在言词之间而忽视了把它们付诸行动。假如你也希望自己像乔布斯一样打造一家值得人们记住的企业，就有必要学习乔布斯的这些理念，并且坚持践行。

后记二 POSTSCRIPT TWO

苹果公司的"帝国史"

1976年，史蒂夫·沃兹涅克、罗恩·韦恩和史蒂夫·乔布斯共同创建了苹果电脑公司，这个高中生和辍学生的组合，共同建立了苹果帝国的雏形。第一款产品Apple I由沃兹涅克手工制造出来，并在加州帕罗奥图的"家酿电脑俱乐部"首次展出。沃兹涅克向当时的巨头之一，也是当时他任职的HP公司介绍Apple I时，遭到拒绝。之后，沃兹涅克与乔布斯决定自己生产Apple I。为了Apple I的生产，乔布斯毅然卖掉了他的大众汽车，而沃兹涅克也卖掉了他的可编程HP计算机，共筹集了1250美元。5月，Apple I以每台666.66美元的售价顺利发售。这款Apple I以电视作为显示器，打破了大多数传统电脑没有显示器的格局。而在这之前的4月1日，苹果电脑公司正式诞生。

1977年，苹果公司转型成为了股份制企业。沃兹涅克和乔布斯共同开发完成了第二款苹果电脑——Apple II，这部拥有彩色图案塑料外壳的个人电脑将磁带运用于存储，第二次革新了计算机。Apple II售价1298 美元，是人类历史上第一台真正意义上的个人电脑。它采用与键盘整合的横躺式主机，拥有最大16种色彩的显示机能，系统记忆体提升到了12KB。

值得一提的是，Apple II输出单声道声音的架构，彻底推翻了“哑巴计算机”的时代！Apple II的彩色图形输出技术也使个人计算机走出“黑白时代”。Apple II型是苹果公司划时代的产品，仅在80年代就创造了数百万部的销售业绩，苹果公司后来在此基础上还改良了多种型号，比如苹果IIe和IIGS。这两种计算机被广泛运用到多种领域，直到90年代末期，仍然可以在许多学校发现它们的踪影，Apple II被公认为个人计算机的代表作。

1980年，Apple III在加州发布，售价4340美元。Apple III是苹果首次在商用计算机领域的尝试。同年Apple股票成功上市，仅在12月12日苹果股票公开上市的一个小时内，460万股的苹果股票全被抢购一空，以每股29美元收市。仅此一天，苹果就创造了4位亿万富翁和至少40位百万富翁。

Apple III采用改进的SOS操作系统及全新的BASIC编译器，具备80列大小写字母显示支持、6位元DAC音频、九宫格数字键、16色图像显示能力等，在当时的计算机领域中可谓功能豪华。然而Apple III的无风扇设计，使它散热效果很差。一大批的用户称他们的机器因过热造成芯片脱离电路板、屏幕显示出混乱的影像，或磁盘取出时呈“溶解”状态等等问题。高价位的Apple III最终没能创造出另一个辉煌，它成为苹果电脑史上第一个失败的产品。

1983年的时候，一款据传以乔布斯女儿的名字命名的电脑——Lisa问世。这款由16位CPU、硬盘、鼠标以及支持图形用户界面和多任务的操作系统组合而成的电脑，为Macintosh的推出奠定了坚实基础。但其高达1万美元的售价使其最终成为苹果电脑的又一大败笔。

1984年的1月24日，Macintosh电脑问世，它同样采用图形用户界面，值得一提的是，Macintosh电脑配有革命性的操作系统，成为计算机工业发展史上的一个重要里程碑，一经推出，就受到市场追捧，促成了苹果公司的一大飞跃。Macintosh被认为是所有苹果电脑的原型机。

1985年，乔布斯获得了由里根总统颁发授予的国家级技术勋章。然而，同年里，乔布斯也面临了他在苹果的第一次巨大危机，由于坚持苹果电脑软件与硬件的捆绑式销售，加上其高价策略，失去了大众基础，IBM公司逐渐苏醒也进军个人电脑市场，苹果节节惨败，而苹果的总经理和董事们却将这场战役的失利归结于董事长乔布斯一人身上。

这一年成了乔布斯最痛苦的一年，4月，由苹果公司董事会决议，最终撤销了乔布斯的经营大权，虽然乔布斯几次试图夺回权力但均未成功。9月17日，愤愤不平的乔布斯毅然辞去苹果公司董事长职位。

从苹果辞职的乔布斯，开始筹建NeXT公司，并打算雇用苹果5名员工与他一起创业。这一行为引发了双方的一场官司。

1987年苹果推出Mac II机型，这是乔布斯离开之后苹果的第一款大作。Mac II内置软盘和硬盘驱动器，支持外接彩色显示器，在当时可谓了得，为苹果电脑争得了一点先机。但随后，Macc II系列机型在1988年与乔布斯的NeXT竞争中落败，首批NeXT电脑售价6500美元，配有25MHz处理器、8MB内存、250MB硬盘。

1989年，继发布了4款Mac电脑之后，9月20日，Macintosh Portable便携式个人电脑问世，它虽然重达7.2kg，但在当时也算是一种突破了，它设有一个内置手柄，因此被人称为“手提Mac”。这款电脑售价高达6500美元，这使得它很难为市场所接受，成了苹果公司的又一个败笔，值得肯定的是它为后来PowerBook系列笔记本的研发做出了一定积累。

1990年，苹果又发布了Mac IIfx、Mac Classic、Mac IIsi、Mac LC等多款Mac机。

1991年，苹果发布了首款真正意义上的笔记本电脑——PowerBook 100，重量仅为2.3公斤。它为苹果电脑开启了长达15年的PowerBook历程。PowerBook 100在设计上有很多可圈可点的创新之处，比如键盘前的平面掌托、轨迹球等。此外，为了便携的考虑，PowerBook 100的软盘驱动器采用了外挂。PowerBook 100售价为2500美元，赢得了市场的广泛好评，这也给危机中的苹果带来了不小的安慰。与PowerBook 100同时发布的还有PowerBook 140和PowerBook 170。这一年，苹果还发布了被称为Mac OS 7的软件，这是Mac采用的主要的操作系统。

1993年，苹果发布产品数量壮观，达到39个机型，数量多带来的结果就是难以突破，这些产品外观相似，缺乏新意，不少苹果铁杆粉丝都感到困惑，而这种高数量产品发布的增长势头一直发展到两年后。

1993年，苹果还发布了一个全新的产品系列——牛顿掌上电脑。这款产品具备了现在智能手机上最为普遍的功能：尖笔触摸屏、日历、地址簿和E-mail功能等。这款产品虽然给苹果公司划时代的产品——iPhone和iPad铺平了道路，但自身并没获得成功。1996年，连续亏损的苹果公司终于按捺不住，董事局决定收购乔布斯的NeXT公司，取消自己的Copland操作系统研发计划，借此请回乔布斯。

1997年苹果20周年纪念版电脑上市，它具有钛金属表面，键盘上还有真皮腕垫，算得上是一款豪华的家庭装饰品，同时，它还具有完整的电视、收音机功能，并支持S端子视频输入，具有Bose音响系统，最具看点的是这款电脑将遥控技术首次运用到计算机领域。

这一年，连续两年共计亏损18亿美元的苹果终于迎来了联合创始人乔布斯的回归，再度加入苹果公司的乔布斯，宣布和微软公司合作，微软给予苹果1.5亿美元的投资，苹果Mac系列电脑将被安装上微软的Office办公软件及IE浏览器。乔布斯还向世人发布了可以直接从苹果公司买到电脑的网站，这一创新性的举动为苹果公司的复苏和繁盛奠定了坚实的基础。

1998年5月6日，乔布斯首次向外界推介iMac。8月15日，iMac在美国上市，售价1300美元，iMac邦代蓝和半透明灰色塑料外壳设计，完全突破了常规的电脑设计概念，极大激发了人们购买自己第一台家用电脑的兴趣。由于之前乔布斯在网站上的铺垫，iMac在发布之前就已经获得了15万台的订单。当年，iMac被美国《时代》杂志授予“年度最佳电脑”称号。次年1月5日，苹果在其官方网站宣布，上市139天之内iMac全球销量就达到80万台，也就是说大约每隔15秒，就有一台iMac被售出。

1999年苹果最具亮点的，算得上是7月21日iBook笔记本电脑在纽约的发布。这款基于iMac设计理念的iBook首度引入AirPort扩充卡，它可以被放置在显示器旁边的卡槽里，使电脑实现了无线网络功能。当然，这是要单独购买的。唯一让人觉得美中不足的是它富有争议的翻盖式的外观设计，不少人称它为“蛤壳”或“马桶座”。

2000年的苹果，发布了一款新的机型——G4立方体，它被认为是Power Mac和iMac的结合体。然而G4立方体漂亮的外观没能让它受到广泛的青睐，因为1799美元的定价与艺术型的定位，让它更多地只被高端客户购买。

2001年Mac OS X系统发布，这是一次重大的变革。同年iTunes推出，之后苹果着手研发与之相配的随身听——iPod，仅仅9个月时间，iPod即宣告完成。乔布斯让iPod超越了电子产品的范畴，成了一种符号，成了用户的一个宠物，也成了一种身份和魅力的象征。

透过iPod在市场上的精彩表现，苹果公司对iPod不断进行升级改进，并推出了新的款型，最终获得了巨大的成功。iPod系列对现代影音影响巨大，它在造型、功能、操作等等方面都树立了旗舰形象。时至今日，iPod的市场占有率已经达到70%以上，成为业界不可撼动的一哥。

同年，苹果专卖店在加州和弗吉尼亚州开张，数以万计的消费者涌入苹果专卖店。

2003年，苹果发布Power Mac G5，它是苹果电脑中的顶级系列，Power Mac G5不仅在硬件上具备顶级的配置，在外观设计上也达到了顶级的工业设计水准，它的设计理念被后来的Mac Pro机型沿用。Power Mac G5是苹果公司发布之前性能最高的电脑，还被称为是有史以来最快的个人计算机。

2005年1月，Mac mini机型在旧金山发布，沿用之前Power Mac G4 Cube的外观理念，采用超小机身设计，携带更加方便，但内置并不逊色，采用了PowerPC G4处理器。同年，iPod Nano发布，取代深受市场欢迎的iPod mini。

2006年，Mac mini成功过渡到Intel平台，并分别于2007、2009、2010、2011年得到更新，在最新版本Mac mini上取消了光驱设计。

2006年，全新的MacBook Pro笔记本发布，它搭载Intel酷睿双核处理器，运行Mac OS 10.4版系统。除此之外，全新的MacBook Pro还采用了很多令人称奇的配件，比如MagSafe磁性电源接口、背光键盘以及支持双点触控的触摸板。

2007年是苹果最具意义的一年。这一年的夏天，人们将关注的目光都投入到一款名为“iPhone”的智能手机上。这是一款兼具音乐播放、电子邮件收发、互联网接入等多种功能的堪称世界最尖端的智能手机。首发期间，很多国家都出现了消费者提前排队购买的现象。此后，不管是哪一款iPhone的消息，都能成为世人瞩目的焦点，iPhone手机也因此成为全球关注度最高的一款手机。同年，苹果发布了iPod touch，它能用无线连接iTunes商店，购买音乐。

2008年1月15日苹果公司的新品发布会上，乔布斯从一个不起眼的档案袋中取出一款设计，它就是具有极致超薄设计的MacBook Air。MacBook Air的设计震惊了整个电脑行业。它以19.3mm的机身厚度号称“世界最薄的笔记本电脑”，加上铝合金一体成型机身，引爆了笔记本行业史上的又一场革命。

但由于初代MacBook Air使用了Merom架构的处理器以及机械硬盘，使得它离“完美”还有很大一段距离。后来通过NVIDIA芯片组，MacBook Air整体性能得到了一定的提升，但仍受处理器偏弱这一问题的困扰。后来，采用最新Sandy Bridge平台的MacBook Air，整体性能才得以提升。

2010年4月3日，iPad系列产品推出，iPad的问世再次引爆了全球的关注和舆论，它从根本上改变了人们对于平板电脑的认识。从技术角度看，

iPad的功能异常丰富：9.7英寸彩色触摸屏、无线上网和蓝牙功能，以及3G功能等等。用户通过手指点触屏幕就可以实现上网浏览网页、收发邮件、绘制图表等等功能。如果说平常的平板电脑是一款放大了的“游戏机”，那么iPad则将用户体验提升到了用户开发的层面。iPad还拥有独特的iBookStore，用户可以下载到电子书。此外，iPad上还增加了iWork，完善了它的办公功能。后来，又相继推出iPad2和iPad3。

2011年8月24日，乔布斯因病辞去了苹果公司CEO的职位，蒂姆·库克接任。

乔布斯已经离开，没有了乔布斯的苹果是否能继续坐稳江山，让我们拭目以待。

后记三 POSTSCRIPT THREE

关于苹果公司成功的思考

要说苹果是世界上最成功的企业，相信这不会有太大争议。苹果连同一手打造了它的乔布斯被很多人看作神一般的存在。2010 年的 5 月 26 日，对于苹果来说，是一个值得记录在册的日子。这一天，苹果公司的市值正式超越了微软——这个一度垄断全球高科技领域的巨无霸，一举成为世界市值最高的高科技企业，仅次于美孚，坐上美国第二大公司的宝座。

苹果公司，连同它的产品以及领导者，俨然成了一个符号，成为世人竞相追捧和效仿的目标：美国网上汽车出租公司 Zipcar 也曾宣称要成为业界的苹果，戴尔也想成为个人电脑界的苹果，甚至连美国著名政治脱口秀节目主持人、喜剧演员比尔·马赫都开玩笑说：如果乔布斯当总统的话，美国政府一定会更高效。

仅仅拥有不到 40 年的历史、几个毛头小伙子在简陋的车库里建立、也曾深陷危机的苹果公司，为什么在激烈的市场竞争中、在自身的几度浮沉里，还能够取得如此伟大的成就呢？我们可以从以下三个方面来分析：

第一，苹果有史蒂夫·乔布斯——这个成就了苹果辉煌的卓越创新者。

苹果公司的成功，绝对离不开它的那颗“果心”——史蒂夫·乔布斯。

这个神一般的领路者将他的个人魅力完全渗入到数码世界之中。乔布斯那种敏锐的洞察力和果断明智的判断力，将高深莫测的科技以赏心悦目的方式传递给受众，而这些正是消费者渴望已久的有些甚至还没自知的需求，而传递的方式不是传统意义的强塞，他总是能找到一个方式让消费者愉快地接受。乔布斯采用的这种高度聚焦的产品战略、突破式的创新、严格的过程控制以及高效的市场营销方式，是“苹果”成为世界上独一无二的苹果的重要因素。

第二，苹果具有苹果上下普遍欣赏的独特的企业理念。

1．实用是基础

苹果公司一向以向人们提供一种充满乐趣的简单方式，让用户在这里找到了更加可靠、有用和质量更高的电子产品为基本目标。它对于生产出好的产品，给用户带来完美的用户体验有着执着的追求。苹果公司认为，产品的实用对消费者才是最大的吸引力，只有实用的产品，才有征服消费者的资本，这是唯一有效的商业哲学。

2．崇尚简约

苹果公司的产品有一个很大的特点，就是简约。乔布斯讨厌一切复杂的设计，他就像一个“过滤器”，把每天产生的大量的烦琐的设计理念过滤掉。虽然这些点子很新，理念很超前，但只要稍加复杂，乔布斯就会以一种厌恶的表情说：“不！快把它丢掉！”

对此，苹果公司的前工程师里德说：“省略某些功能的最大好处是，消费者会对它们变得更加渴望，当你在新版本中满足了某些要求，甚至能让他们更快乐。”这是苹果公司和乔布斯一以贯之的设计理念。

3．强势的领导

在苹果，“民主”有时候是没有容身之地的，苹果产品的设想全部来源于少数的高层，甚至有些完全就是乔布斯个人的意志，与其他人没有任何关系。乔布斯是事实上的每项重要产品的实际策划人和执行者，他拥有绝对的领导地位，就像一位“独裁者”。开发人员只有一个使命：把乔布斯的创意发挥到极致，没有任何瑕疵地完成！正是由于这种领导构架，让乔布斯和他的团队中的每一个人都知道自己究竟想要什么，避免分散资源，从而可以高效地设计产品。

4．按苹果自己的节奏前行

无论出现什么对手和意外情况，苹果公司都岿然不动，始终按照自己的节奏发展，它的产品发布计划也从来不会发生什么改变，永远围绕着既定的目标稳步推进。这就是苹果公司，它拥有专注长远目标的能力和决心。因为领导者乔布斯永远有自己的计划，他会让苹果始终朝着正确的方向前进，绝不因为外界的干扰而随意打乱计划，这也是苹果能够一直不败的重要原因。

第三，可能是有史以来最为成功的商业模式。

在短短的几十年中，苹果公司推出的多款产品都引领了这个时代，它们无不依靠简洁时尚的外形、实用的功能和便利的操作令全世界耳目一新。苹果公司产品的封闭式和系统化，也使得其在营销领域大获成功。可以这样说，不断的技术创新、管理创新、充分利用产业链，是苹果走向成熟并且获得成功的王者之道。

领先全球的商业模式带来的是令同行垂涎三尺的利润。据统计，早在

2009年，苹果公司的营运利润就占到了整个行业的35%。这与它独特的商业模式是分不开的。

苹果公司准确地把握了消费趋势，然后站在市场的前面去引导市场，通过持续的技术创新和营销模式打造了一种极为成功的商业模式，从而使自己始终处于行业的领先地位。

附录 APPENDIX

乔布斯送给创业者的80条“铁血军规”

•八个基础 •六种黄金机会 •杀出重围的铁血军规

1. 基础一：网罗第一流的人才

一位出色的人才能顶50名平庸的员工。要把你四分之一的时间都用于招募一流人才，让他们以最快的速度适应你这儿的环境和氛围。

2. 基础二：一切都要尽在掌控

你创业的公司，必须是一家你能“全盘掌控”的公司。你要有权力改变它，更重要的是你能够坚持主见，并贯彻下去。

3. 基础三：只有A计划，别设B计划

在一个新的领域里，要将目光专注于打造一款产品或服务，别设备选方案，别给自己退路。因为这样，可以保证全身心的投入到一点上，包括最好的创意、最先进的技术等等。

4. 基础四：追求完美

乔布斯曾因为一些不起眼的细节要求设计人员一切推倒重来。正是这个残忍的标准，才成就了苹果一系列令人惊叹完美的产品。你也要有这样的勇气，一旦认定换个方式会更好，就要勇于将昨天艰辛的努力全盘推翻，重新开始。

5. 基础五：有能力提供并抓住核心技术

掌握核心技术，这样才不会受制于人，对一个优秀的企业家来说，受他人制约是不可容忍的。

6. 基础六：创新要把利润放在第一位

又酷又新的产品如果不能带来利润，那么也不是成功的产品。这样的产品不是创新，只是艺术。

7. 基础七：创新的根本必须是产品令人惊叹，且能引导消费

平庸的公司只是为了满足客户需求，卓越的公司将引导客户需求视为制胜之道，最好的公司是能引导消费，能给消费者带来超越预期的惊喜。

8. 基础八：必须做自己喜欢的事

快乐的人，一生都追随内心的指引。创业者必须找到那些志同道合的人，共同为大家喜欢的事业努力。

9. 黄金机会一：当你能够出售梦想，而非一件产品时

乔布斯具有使人们沉迷于梦想的魔力。当选购苹果产品时，消费者看重的往往不是产品本身，而是产品带来的感觉。而当你也拥有出售梦想，而不仅仅是一件产品的能力时，就到了你发展壮大的黄金时期。

10. 黄金机会二：当你可以定义某些潮流时

你必须尝试去引领一些东西，站在潮流最前沿，让人们模仿你，而不是你去模仿别人。如果你不努力让自己成为第一，你就只能屈居于别人的屁股后面，成为一个被支配者。当你可以定义某些潮流时，就是你大显身手之际。

11. 黄金机会三：当你有能力提供给消费者以特定的需求产品或服务印象时

满足需求是首要也是终极目的，一个成功的企业要努力让消费者形成对你产品的特定印象与定位。比如说，苹果公司的产品为消费者提供了移动生活新方式，耐克公司为消费者提供更高品质的运动生活，星巴克为消费者提供“第三空间”。那么，你的呢？当你有能力给予消费者所能信服的独特定位时，你就离成功不远了。

12. 黄金机会四：当你可以创造信息，而不是收集信息时

做一个引导市场潮流的品牌，需要的是创造信息，而不是收集信息。而且你创造的信息要具有向目标消费群体准确高效传达产品属性的能力。当你可以创造信息、引导市场时，一定要抓住这个机会，你大显身手的时候到了。

13. 黄金机会五：当你拥有了大趋势、大市场和尽量少的竞争对手时

创业首先要看大趋势，其次要找大市场，不能只看一个点，意思就是说，你不能只在你所在的城市发展，一定要扩大你的事业，让它达到全国性乃至全球性；最后，你要从事竞争对手少的行业，越少越好。假如你掌握了这三点的话，那么你的创业成功路也就越来越近了。

14. 黄金机会六：当你能够制定规则时

不要过于重视别人设定的规则。如果这个规则不利于你，就提高自己的地位去挑战它去更改它。最厉害的公司制定规则，而不是服从规则，比如苹果。当你能够制定规则时，那么你就拥有了发展壮大的最好机遇。

15. 要有创造某种商业模式的企图心

这是最彻底的革命。技术的超越永无止境，与领先者比拼技术，下场

就好比一只羊与一匹狼正面交锋。但是，根本性的超越才是王道，创造新的商业模式，才能拥有最多的市场。

16. 让你的大脑超常规思想

思想是创新的前提，没有思想，何谈创新。拥有创造力的思想，才能更富有创见地整合事物。

17. 一流的公司兜售梦想，二流的公司兜售产品

苹果的卓越之处在于他们把苹果产品的消费者当是一群怀抱梦想、希望，具有雄心壮志的人来对待。乔布斯认为苹果的使命是帮助他们实现梦想。

18. 学会说不

必须有勇气拒绝某些不靠谱的诱惑。要知道，巨大利益诱惑的背后必定有一个大陷阱，要相信天上不会掉馅饼。

19. 让创意引领消费者的激情

好的产品就是要让消费者感到兴奋，让他们有购买的欲望，而这需要你有关于产品、服务以及销售的优秀创意。好的创意可以帮助你最快最近地接触到消费者。

20. 记住四个关键词

乔布斯成功于“科学＋人文”的平衡法则和“专注＋简洁”的产品理念。你呢？有没有能力达到这个高度，以及坚持这样的野心？这需要你付出许多，但重要的是未来会因此更有希望。

21. 精通心理学

消费者、产品、员工、市场，他们都有各自的特点，且环环相扣。要

学会把他们放在一起进行了解、思考和分析，知道他们在想什么，然后凌驾于上，操控他们的心理。

22. 行动第一，选择第二

创业里有一个“杯子理论”，关键不在于你是否能挑到一只金杯子，而在于你能否塑造一只金杯子。

23. 市场不会对你热心肠

市场不会为你着想，那些凡是听上去像设身处地、无微不至为你谋划的，无一例外都是利他的。

24. 简单至上

产品贵在简单，让用户一看就懂。太多的功能和烦琐的操作只会让消费者敬而远之，毕竟除了发烧友，没有人愿意花太多精力在一个可替换的产品上。

25. 生意和感情永远是两条平行线

朋友是朋友，生意是生意。不能和朋友、兄弟创业，因为很可能创业不成，朋友兄弟也没得做了。最近火热的电影《中国合伙人》中的一句话“不要和最好的兄弟一起开公司”，就是这个道理。

26. 一个好的搭档很重要

如果说一个成功的男人背后都有一个默默奉献的女人的话，那么，每一个成功的创业者背后都有一个默默奉献的好搭档。

27. 产品要快

产品要快，不是说让你的产品第一时间推出市场，而是说，当你有想法时马上把它付诸实践。

28. 要明白用户在想什么

创业最困难的事情不在于给出答案，而在于明白用户在想什么，这才是最重要的。

29. 紧紧抓住你的铁杆拥趸者

让大多数用户使用并喜爱你的产品，应该是你的长期目标。在创业初期，要实现这一点，是非常不现实的。这就要求你必须在以下两种方案中学会取舍：满足一部分用户的全部需要，或者满足全部用户的一部分需要。事实证明，大多数情况下，选择前者可能更有效。紧紧抓住你的铁杆拥趸者，他们是你最好的宣传，会帮你吸引到更多的消费者。

30. 记录你的工作

记录可以促使一个人更有目的地改进一些不足。比如，要是你想增加自己的用户数量，那就绘制一张图表，每天或每周记录用户数量的变化，时刻做到心中有数，很快你就会意识到，用户数量的变化与你工作上怎样的举措相关，用户到底需要什么。需要注意的是，你要搞清楚到底该记录些什么。

31. 花最少的钱办最多的事

钱不能乱花，更不能乱省，高效开支的重要性无须多言。资金短缺是大多数创业人的短板，甚至在他们还没能做出用户需要的东西之前就出现这个问题了。而一味的省钱则会使企业失去发展的动力。创业者切记开支最优方案。

32. 生存是第一位的

不管是对于一个普通的人，还是对于一个创业者来说，先养活企业，有了生存之本，再去谈梦想。

33. 永远不要泄气

企业在运作过程中，一定会遇到各种各样的困难。有些创业者能坚持到最后，有些半路退出。失败的原因是很多的，有些原因是致命的。比如创业者自身没有了动力，泄气了。如果你是一个优秀的创业者，就必须有巨大的心理承受能力，即使遇到再大的困难，顶住压力，千万别泄气，这样才有挽救的可能。

34. 专注才能成功

只要你努力，并经常改进你的想法，就完全有可能成功，前提是你一直专注于这个目标。一个人，即使先天条件再差，一辈子只专注做一件事，也一定能成功。

35. 将犯下的错误资本化

不要希望企业的每一笔交易都能获得成功，不管对于谁来讲，这都只能是奢望。即使企业一直一帆风顺，那么对于作为创业者的你来说，也绝对不是一件好事。要意识到，企业遇到失败是一件正常的事情，把这些当成前进的动力，将错误资本化，转为财富，才是聪明的做法。

36. 时间总是敌不过努力

工作效果快两倍，比拥有两倍的时间更强。因此，盯着还有多少时间，不如加快工作的效率。

37. 必要的独裁

一个优秀的领导者，最重要的标准就是：能够引导手下的众多优秀人才高效地做正确的事情。要做到这一点，领导者就必须懂得如何将这些人才的诸多想法集合起来，资源优化出最好的成果，凝聚团队力量，这需要领导者必要的独裁。

38. 不但要用一流人才，还要把他们用对

一着不慎，满盘皆输。人才选择亦是如此。选择一流人才只是一个开始，更重要的是用对。

39. 要有领导者的野心

最好的人才是那些对自己的事业怀有极大激情的人。领导者的野心不但能激励自己迈向成功，也能激励员工实现梦想。野心对于创业者来说，尤其重要。

40. 潜力是被逼迫出来的，不是保护出来的

关爱员工的方式是逼迫他成长，而不是将他保护起来。一个出色的领导者，知道如何为员工设定一个合理的高标准，并激励他们知难而上。乔布斯常常将种种看似不合理以及看似不可能完成的任务强加在员工身上，以此激发他们的潜力。

41. 专注好的产品

好产品是你成功的基石，所以砍掉那些没用的，把精力专注于好的产品上。对一个成功的领导者来说，最应自豪的不是那些正在做的事情，而是选择不去做的事情。

42. 和你的敌人结盟

如果你是一家饮品公司，你想象过与可口可乐结为一家、共谋发展吗？为什么不能呢？去跟马赛跑，不如骑在马的身上一起跑。

43. 鼓励和欢迎不同的意见，对属下和客户都这样

鼓励“不同思维”被认为是最富成效的激励方式，它鼓励了创新和再创造。来自属下或者客户的不同意见，可以让你更能看清你未来的路。

44. 做你认为有价值的

在你认为有价值的领域，做你认为有价值的决策，这样，对于创业者来说，才是最具动力的。

45.“三点法则”无处不在

“三”是被公认为在传递信息时最有效的数字，要想让别人接受你的观点，最好用三点来表达清楚。比如向人展示产品的三大优点，做好一件事情的三大步骤，以及对员工的三大要求。

46. 留条后路给自己

创业者在做决策之前，一定要备条后路给自己，这不是否定只有A计划，A计划即使失败，最坏只是丢掉项目，不伤企业本根。而在涉及公司生死存亡的决策上，创业者一定要给自己留条后路。

47. 全面贯彻实用主义

一个创业者，对产品或服务一定牢牢贯彻实用的原则。推出好的产品，带来更好的用户体验，对于消费者来说，这才是实实在在的吸引力，也是创业者必须应该看重的哲学。

48. 进行全面的营销

“苹果的品牌力量太过于强大，不少人已经把它当作一个真正的宗教。”做到这个高度的苹果，无疑是成功的。它通过对符号化信息的运用，以及神秘感的营造等多种方式培养了其“信徒”高度的热情。这种进行全面营

销以增强用户记忆的做法，对于产品及品牌的宣传，效果是巨大的。

49. 将刺耳的意见变为灵感

将你所听到的刺耳的声音作为一种灵感，激励自己向前走；可以把它们作为一种手段，但不要当成目的。

50. 学会失败后爬起来

学会在失败中汲取宝贵经验，并且一定要掌握爬起来的技巧，这比学会行走重要许多倍。看到并且接受失败，这只是第一步；如果你不能学会怎么爬起来，就跟那些无视失败、稀里糊涂出局的假乐观主义者和很快就放弃的悲观主义者没什么区别。

51. 明确你的目标群体

苹果的目标群体之一就是“果粉”，果粉是苹果产品的消费先驱者，这些年轻消费者精力充沛、充满好奇，他们喜爱具有异国情调的新产品；还有另一类消费群体——“最先尝试者”，这些消费者总是在寻找能够改善个人生活和商业生涯的产品，这类消费群体比先行者规模更大，也是通往更大的消费群体“早期从众者”的媒介。如果能为自己的产品培育稳固庞大的目标群体，你在迈出第一步的时候就已经赢了。

52. 选择合适的时机发布信息

在受到广泛关注的重大事件发生后再去发布信息，比你平常发布信息更为有效。你应该抓住那些敏感而突出的时机，把一些热点转化为对你有利的“信息卖点”。

53. 员工的职责是什么？

告诉你的员工：“员工的职责不是推销产品，而是帮助顾客解决问题。”

54. 尊重客户

当客户拜访时，你要表示热烈地欢迎。诚挚热烈的欢迎，会让顾客感觉自己受到了尊重。

55. 体验法则

要让客户先体验你的产品，给他足够的时间和空间以及尊重，再让他自己决定是否购买。

56. 做好一切准备

做好亏钱或者赢钱的准备，甚至准备好一败涂地，这样才有起死回生的勇气和理智冷静的头脑。

57. 保证现金流顺畅

从理论上讲，利润是企业生存的关键。实际上，良好的利润并不能完全代表良好的经营，正现金流才是企业健康运营的保障。如果你是从零开始的，那么努力让你的业务符合以下要求：项目运作所需的资金量要少，回款要快，项目具有多次增加收入的潜质。这意味着初创业的你，可能会不得不放弃一些大单，因为这些大单可能需要一年甚至更长的时间才能收到回款。

58. 尊重市场

这要求企业所做的每一个决定都必须以充分的市场调研为基础，如果你觉得你的计划不需调研也能成功，那么请一定确保你是一个绝佳的能代表得了受众与市场的可靠的焦点用户。

59. “完美”有时会是你的敌人

产品不可能绝对完美，当你的产品或服务足够好时，应该尽快推向市场。有时候花费更多的时间并不能保证产品的完美，只会产生更多不需要的功能。发货后，你也能了解到客户需要你真正解决什么问题。创业最忌讳的是等待你的产品变得所谓的“完美无瑕”时才推出，这样做往往得不偿失。

60. 招聘要有道

对于初创业资金有困难的创业者来说，聘用那些年轻、工资要求低、渴望工作又有可塑性、不一定有经验但上手快的人吧！当你拥有了可观的现金流之后，再聘用那些资深的管理者。

61. 雇用尽可能少的员工，去做尽可能多的事

许多创业者也许会为可能发生的情况而储备雇员，但创业的王道则是雇用尽可能少的员工，去做尽可能多的事。

62. 巧妙采用直销

直销可以让创业者和他的客户之间零距离。没有第三方存在的好处是可以使你的商品减少中间环节，实现更高的边际利润。通过直销，你还可以更直接更准确地接收到客户的需求反馈信息。从某种意义上讲，直销创造了一部分的需求，而这部分需求，是你绝对能够满足的。

63. 奖惩机制要合理

企业发展靠人来实现，优胜劣汰是永恒不变的法则。做得好的要奖励，做得差的要惩罚，奖惩要用物质还是精神，怎么个标准很重要。创业者千万不可小觑这一点。合理的奖惩可以激发一个团队无穷的战斗力。

64. 管理你的时间

你的时间用在哪里，你的成就就会出自于哪里。那些把一小时看成60

分钟的人，比仍当一小时来过的人，工作效率会高出至少60倍。这个说法看似有些夸张，但是请相信，长此以往，他们的工作业绩以及心态会证明一切。

65. 品质很重要

产品卖不掉的原因通常有两个，第一个是产品的品质不好，第二个是价格太高。第二个原因最终也可以归结到第一个上面。品质不好带来的是负面的口碑，价格太高其实是消费者委婉地向你表示：产品的品质不足以有力地支撑价格。

66. 坚持不懈，同时要善于随机应变

创业要坚持不懈，又要灵活应对，知道在哪种情况下运用哪种策略很重要。

67. 信心很重要，但千万不要刚愎自用

自信是成功创业的坚实保证，但盲目自信、刚愎自用也许会毁了你的创业成果。

68. 出色的产品很重要，出色的产品发布同样重要

很多创业者认为出色的产品是最重要的，他们觉得，好的产品总是会赢的，只有坏的产品才会输。但他们没意识到，如果没有好的发布渠道，那么再好的产品也会死掉。你如何让消费者看到并以最快的速度了解你的产品？这个问题非常重要。

69. 第一批聘请的人很重要

近朱者赤，近墨者黑。要重视第一批聘请的人的水平，不仅是对工作的热情，还是对事物的认识。跟他们在一起，会让作为创业者的你受

到感染，得到启发。招聘并学习那些陌生的优秀者，并让其为你工作，非常重要。

70. 带好兵，做好将，而不是亲自上战场

前世界首富保罗·盖蒂曾经说过，他宁愿找一百个人来，每个人用1%的力量，也绝对不要自己一个人用100%的力量。成功的领导者不是事必躬亲，而是合理分配人才，管理人才。

71. 产品包装也要美

任何产品都不是孤立存在的。再好的产品都需要包装来装饰，它是产品走向消费者的载体，所以要想产品畅销，必须美化产品的包装。

72. 确保你的产品在同等级和同价位的产品当中是最好的

每一个公司，每一个创业者，如果不是仅为爱好、仅为梦想去做事业，那么不要只想着做出最好的产品，而是要确保你的产品在同等级和同价位的产品当中是最好的，是最具竞争优势的。劳斯莱斯公司打造了最好的车子，但最后它的公司被收购了，其中道理值得深思。想要企业赢的秘密就是：我们必须做出在同一个等级和价位中品质最优秀的产品。

73. 任何时候，都能够清晰地表达你的想法

不管是创业者，还是企业招聘的销售、宣传人员，首要的一个素质便是，必须能够清晰地表达自己的想法。清晰、明确的表达，既可以让别人很快了解你这个项目，又能加上很好的印象分。即使是再完美的创意，如果配以一段表达不清的阐述，也不会吸引投资人以及消费者的眼球。

74. 要有勇气面对未知的创业路

创业不是旅行。创业路上注定会有太多风险以及不确定性。即使是再

有天赋的创业者，他也无法遇见创业路上要遇到的所有问题。市场瞬息万变、消费者需求也不会一成不变，这就要求创业者时刻关注市场的反应。创业路开始不易，想要达到成功更是难上加难。所以，做好心理准备，没有任何一场创业是随随便便就能成功的。

75. 不要忽视那些看起来没用的东西

创业是对一个人综合能力的考验，创业也具有众多的不确定性。创业者不要只看眼前，学习一件技能，掌握一项技巧，即使看起来与你目前的事业没什么关系，也要尽可能地积累下来，说不定，不久的将来，你就会发现那些你在不经意间积累下来的东西会发挥大功用。

76. 做好“生活与工作”合二为一的准备

在一个创业者的时间表上，很少有属于他自己完全的生活时间和空间。打工时你还能拥有纯粹的生活，但是创业路上，你的生活将会与工作“合二为一”，在公司面对的是工作，在家里面对的还很可能是工作，相信每一个创业者都经历过为创业寝食难安的夜晚。对，这就是创业！你需要做好这样的准备。

77. 要对大家负责

创业从来不是一个人的事，一旦启动创业模式，不但创业者自身会卷进一场战斗，家人、朋友、同事、客户，要考虑很多因素，你将成为大家的核心。在公司里，所有人都可以跟你说“请求支援”，只有你自己不能说这句话。

78. 创业前，先问自己

创业不是谁都能创得了的，这件说困难很难、说容易也很易的事情，绝对不是适合任何人的。成功的创业需要天赋和努力的共同作用。所以行动前，先问问自己，你真的适合创业吗？如果你确信自己是块儿创业的料子，那么再问自己，现在到了创业的最佳时机了吗？如果两个问题都是肯定的，那么去奋斗吧。

79. 成功的创业者应该具备的素质

第一素质：有强大的学习能力，专业素质不一定很精，但一定要懂。第二素质：一定要精通团队管理，收放自如。第三素质：不拘泥于眼前，要有长远的目光，有见地有想法。第四素质：具备良好的心理素质，抗压能力一定要强。

80. 创业之前，先把自己打造成适合创业的人

创业成功者必然光鲜惹人羡慕，但创业的困难是常人无法体验到的。创业是对一个人综合素质的全方位考验。当然，有些素质是可以自己培养打造出来的。所以创业之前，你一定要认清自己的优缺点，做好充足的准备，哪里不会补哪里，哪里优秀扬哪里。让自己在要创业的领域变得优秀再优秀，那样创业就会轻松很多。

SUCCESSFUL
ENTREPRENEURS

创业可以走直线